STATISTIQUE DE STRASBOURG

LES ÉLECTIONS

DE

1919 A 1927

Die Wahlen von 1919 bis 1927

Publié par le Bureau municipal de Statistique

STRASBOURG
IMPRIMERIE STRASBOURGEOISE
15, RUE DES JUIFS, 15
1927

STATISTIQUE DE STRASBOURG

Les élections de 1919 à 1927

TABLE DES MATIÈRES

INHALTSVERZEICHNIS

VIII. Elections sénatoriales du 9 janvier 1927.

VIII. Senatswahlen vom 9. Januar 1927.

I. Statistique des élections des mois de novembre et décembre 1919.

Statistik der Wahlen vom November und Dezember 1919.

a) Élections à la Chambre des députés du 16 novembre 1919. Kammerwahlen.

SECTEUR URBAIN Stadtteil	Bureau de vote Stimmbezirk	QUARTIER Stadtviertel	électeurs inscrits eingeschriebene Wähler	Nombre des votants Wahlbeteiligung chiffre abs.	%	Bulletins[1] Stimmzettel[1] valables gültige	non-valables ungültige	Suffrages recueillis par la liste du parti ..... (scrutin de liste: 9 députés à élire) Stimmenverteilung (Listenwahl): 9 Abgeordnete sind zu wählen — Parti socialiste chiffre abs.	%	Bloc national chiffre abs.	%	Parti radical chiffre abs.	%	Parti régionaliste radical d'Alsace-Lorraine chiffre abs.	%
a) Ville intérieure .... (intra muros)	1	Hôtel de Ville	608	490	81,5	484	6	1903	44,7	1956	45,9	401	9,4	--	
	2	École de la Cathédrale	747	607	81,2	601	6	2123	39,0	2761	50,7	564	10,3	—	--
	3	École municipale secondaire de jeunes filles	928	755	81,3	742	13	2419	36,6	3594	54,3	600	9,1	1	--
	4	École réale supérieure près le Palais	828	656	79,2	653	3	1404	24,5	3393	59,1	941	16,4	—	--
	5	École israélite d'arts et métiers	756	582	76,9	574	8	1586	31,3	2556	50,4	928	18,3	2	—
	6	Bâtiment des ateliers de la Chambre de métiers	813	657	80,6	650	7	1082	18,7	3508	60,6	1199	20,7	—	—
	7	École Pigier	388	295	76,0	286	9	631	24,7	1498	58,6	426	16,7	—	--
	8	Bâtiment principal de l'Université	732	575	78,5	564	11	1078	21,4	3206	63,7	747	14,9	4	—
	9	École technique	695	537	77,2	523	14	2086	45,0	1668	35,9	887	19,1	—	—
	10	Bâtiment principal de l'Université	738	589	79,8	572	17	1436	28,1	2864	56,1	804	15,8	—	—
	11	École de l'Académie	749	605	80,7	598	7	3541	66,7	1260	23,8	505	9,5	—	—
	12	École St-Guillaume	789	653	82,7	641	12	3417	60,2	1709	30,1	554	9,7	—	—
	13	École primaire supérieure	976	787	80,6	780	7	3472	50,5	2648	38,5	751	11,0	—	—
	14	École du dragon	796	639	80,2	627	12	2591	46,6	2359	42,4	612	11,0	—	—
	15	École St-Louis	741	638	86,1	628	10	3128	55,9	1861	33,2	612	10,9	—	—
	16	Cercle catholique des jeunes gens St-Aloyse	787	651	82,7	645	6	2806	49,1	2017	35,3	895	15,6	—	—
	17	École Ste-Aurélie	772	626	81,0	609	17	2324	42,8	2267	41,7	839	15,4	2	—
	18	École St-Thomas	894	705	78,8	693	12	3912	62,2	1722	27,4	652	10,4	—	—
	19	École St-Thomas	753	622	65,2	614	8	2663	49,0	2119	38,9	657	12,1	—	—
	20	Grande salle de l'Aubette	620	471	74,8	458	13	1781	43,8	1561	38,3	729	17,9	—	—
	21	École réale supérieure près St-Jean	552	428	81,0	420	8	1584	42,5	1596	42,9	542	14,6	—	—
	22	École Ste-Aurélie	760	591	77,7	581	10	2290	44,4	2250	43,7	611	11,9	—	-
	23	École primaire St-Jean	802	631	78,6	618	13	2468	40,7	2577	42,6	1009	16,7	—	—
b) Localités de la banlieue:	24	Halle du marché au quai Kléber	679	562	82,7	553	9	1585	32,1	2686	54,4	668	13,5	—	—
	25	École Schœpflin	696	539	77,4	529	10	1711	36,6	2378	50,8	590	12,6	—	—
Robertsau:	26	École primaire, rue Bœcklin...	1145	984	85,9	972	12	4398	50,8	3422	39,6	834	9,6	—	—
	27	École primaire, rue Bœcklin...	1158	1000	86,2	992	8	5823	65,8	2321	26,1	723	8,1	—	—
	28	Tivoli	148	121	81,7	116	5	361	35,0	529	51,3	141	13,7	—	—
Neudorf, Neuhof et Stockfeld:	29	École de la Ziegelau..........	841	730	86,8	726	4	4454	69,2	1586	24,7	395	6,1	—	—
	30	École de la Ziegelau..........	866	755	87,1	741	14	4292	65,1	1679	25,5	621	9,4	—	—
	31	Nouvelle école da la Musau ...	808	672	83,0	660	12	3614	61,8	1545	26,4	687	11,8	—	—
	32	École du Schluthfeld	923	741	80,2	730	11	4221	65,1	1596	24,6	669	10,3	—	—
	33	Baraque d'école à la Hohwarth	140	119	85,0	117	2	398	37,8	433	41,2	221	21,0	—	—
	34	École du Neufeld	826	694	84,0	682	12	3447	56,9	1783	29,5	824	13,6	—	—
	35	École cath. du Neuhof	996	860	86,3	856	4	4334	57,2	2778	36,6	470	6,2	—	—
Kœnigshoffen, Cronenbourg et Montagne-Verte:	36	Ancienne école protestante de Kœnigshoffen	556	494	88,8	493	1	2419	55,5	1424	32,7	513	11,8	—	--
	37	Nouvelle école de Kœnigshoffen	948	813	85,7	809	4	4541	63,2	1964	27,3	680	9,5	—	—
	38	Ancienne école catholique de Cronenbourg	659	552	83,7	549	3	2734	56,0	1697	34,8	447	9,2	—	—
	39	École protestante des garçons de Cronenbourg	755	633	83,8	620	13	2662	48,2	2290	41,4	577	10,4	—	—
	40	École de Gliesberg	892	757	81,8	750	7	3950	58,7	2108	31,3	669	10,0	—	—
Suffrages exprimés par correspondance:[2])			—	74	—	66	8	447	80,0	100	17,9	12	2,1	—	—
Chiffres totaux de Strasbourg (16 nov 1919)			**30269**	**24890**	**82,2**	**24522**	**368**	**107116**	**49,0**	**85269**	**39,0**	**26209**	**11,9**	**9**	**0,004**
Chiffres totaux du Dép. du Bas-Rhin (16 nov 1919)			**164245**	**133616**	**81,3**	**131992**	**1624**	**434667**	**36,8**	**633293**	**53,7**	**111182**	**9,4**	**90**	**0,009**
										Centre als.-lorr.		P. lib.-dém.		D. Reichsp.	Indép. 3)
Élections au Reichstag (suffrage uninominal)		en 1912: Chiffres de Strasbourg	38634	32416	83,9	31761	655	16462	51,8	5176	16,3	9990	31,5	— —	
		» du Dép. du Bas-Rhin.	160957	—	86,2	136100	—	42708	31,4	42564	31,3	36007	26,4	7331 5,4%	7302 5,4%
		» de toute l'Als.-Lor.[4]) ..	417559	—	84,9	348654	—	110695	31,7	118394	34,0	67886	19,5	7373 2,1%	7341 2,1%
		en 1907: Chiffres de Strasbourg 1er tour	38785	30588	78,9	30361	—	12253	40,3	5574	18,4	12531	41,3	— —	— —
		» » » 2e »	—	30476	78,6	29619	—	14891	50,3	—	—	14728	49,7	— —	— —

1) Des 368 bulletins non-valables de Strasbourg 19 ayant été ultérieurement reconnus valables par la Commission de dépouillement, le chiffre de cette colonne s'élève à 24 541.

2) Des 750 ouvriers Strasbourgeois employés aux pays dévastés et ayant reçu l'autorisation de voter par corresp., $1/_{10}$ seulement en a usé.

3) Souteau par le Centre (Vom Zentrum unterstützt).

4) En 1912 il y a eu en outre en Lorraine le Parti lorr. indép. dont 6 candidats ont été élus avec l'aide tantôt du Centre (4 arrondissements) tantôt du Parti libéral-démocratique (3 arrondissements). Il a recueilli 36 336 voix, soit 10,4 du chiffre total de l'Alsace-Lorraine. Le Centre alsacien-lorrain et le Parti libéral-démocratique ayant en 1912 soutenu le premier 5 et le second 3 candidats indépendants, leurs chiffres totaux pour l'Alsace-Lorraine sont inférieurs au nombre de leurs adhérents. Il en est de même des chiffres du Centre pour le Bas-Rhin.

Da Zentrum und Liberal-Demokraten 5 bezw. 3 unabhängige Kandidaten unterstützten, so sind die für sie hier angeführten Gesamtzahlen geringer als ihre wirkliche Anhängerzahl. Dasselbe trifft auch beim Zentrum für dessen Zahlen des Unter-Elsass zu.

Élections législatives du 16 novembre 1919. Kammerwahlen vom 16. Novembre 1919.

Voix obtenues par les candidats. Stimmenverteilung auf die einzelnen Kandidaten.

a) Bloc national

Nom des candidats	voix obtenues à Strasbourg	voix obtenues dans tout le Département *)
Walter Michel	9 491	70 706
Frey Charles	9 523	70 694
Müller Eugène	9 485	70 646
Jæger Jules	9 536	70 429
Oberkirch Alfred	9 491	70 428
Simonin Camille	9 521	70 309
Seltz Thomas	9 403	70 246
Comte de Leusse Jean	9 378	70 188
Altorffer Charles	9 441	69 647
	85 269	633 293

b) Parti socialiste

Nom des candidats	voix obtenues à Strasbourg	voix obtenues dans tout le Département *)
Peirotes Jacques	12 342	49 674
Weill Georges	12 177	48 735
Imbs Eugène	12 075	48 701
Riehl Charles	11 845	48 141
Heysch Michel	11 843	48 095
Hueber Charles	11 742	47 999
Fuerstoss Emile	11 718	47 882
Kœssler Louis	11 746	47 840
Haas Ernest	11 628	47 600
	107 116	434 667

c) Parti radical

Nom des candidats	voix obtenues à Strasbourg	voix obtenues dans tout le Département *)
Dahlet Camille	3 086	12 779
Oesinger Franz	3 122	12 702
Karcher Max	2 884	12 535
Lecomte Adolphe	2 968	12 475
Schmidt Louis	2 913	12 390
Becker Georges	2 826	12 295
Riehm Edmond	2 891	12 280
Weill Edmond	2 851	12 065
Kahn André	2 668	11 661
	26 209	111 182

Électeurs inscrits	164 245
dont la moitié est :	82 122
Nombre de votants :	133 616
Bulletins blancs ou nuls à déduire :	1 624

d) Parti régionaliste-radical d'Alsace-Lorraine

Nom des candidats	voix obtenues à Strasbourg	voix obtenues dans tout le Département *)
Hummel Joseph	5	49
Trometer Pierre	4	41
	9	90

Suffrages exprimés :	131 992
dont la **majorité absolue** est :	65 996
Quotient électoral :	14 665

Les candidats du Bloc national ayant obtenu la majorité absolue des suffrages exprimés, ont été proclamés élus en vertu du 1er paragraphe de l'article 10 de la loi du 12 juillet 1919.

Die Kandidaten des Bloc national sind infolge der absoluten Stimmenmehrheit, die sie auf sich vereinigen, auf Grund des § 1, Artikel 10 des Gesetzes vom 12. Juli 1919 als gewählt ausgerufen worden.

* Les chiffres de cette colonne sont ceux du Journal Officiel (17 décembre 1919, No 342, p. 5295).

5) Elections au Conseil Général (14 décembre 1919). Generalratswahlen.

(Suffrage uninominal)

Canton	Électeurs inscrits (Eingeschriebene Wähler)	Dont le quart (Wovon ein Viertel)	Nombre de votants (Wahlbeteiligung): chiffre abs.	%	Bulletins (Stimmzettel): valables (gültige)	non valables (ungültige)	Suffrages exprimés (Stimmenverteilung) — 1er tour de scrutin (1. Wahlgang): parti socialiste abs.	%	bloc national (parti radical incl.) abs.	%	éparpillés (zersplittert)	2e tour de scrutin (2. Wahlgang): parti socialiste abs.	%	bloc national (parti radical incl.) abs.	%	éparpillés (zersplittert)
Nord en 1919	8 639	2 160	3 793	43,9	3 705	88	L. Meyer 1 623	45	H. Lévy 2 072	55	10					
			4 287	49,6	4 227	60						L. Meyer 1 693	39	H. Lévy 2 533	61	1
„ *1909*	*8 926*	*2 191*	*4 595*	*52,4*	*4 360*	*226*	*L. Meyer 1 790*	*42*	*Riff 2 579*	*58*						
Ouest en 1919	8 858	2 215	3 478	39,2	3 378	100	L. Kœssler 1 844	53	A. Brion 1 522	47	12					
			3 969	44,7	3 935	34						L. Kœssler 2 064	52	A. Brion 1 869	48	2
„ *1909*	*8 947*	*2 299*	*4 844*	*52,9*	*4 596*	*248*	*Imbs 1 948*	*43*	*Dr. Schwander 2 648*	*57*						
Est en 1919	7 848	1 962	3 294	41,9	2 959	335	M. Heysch 2 806	85	Divers 153	15						
„ *1906*	*7 704*	*2 426*	*4 019*	*56*	*4 850*	*69*	*Böhle 2 605*	*55*	*Schmitt 1133, Paris 1112 — 2 245*	*45*						
Sud en 1919	4 927	1 232	2 295	46,5	2 258	37	J. Peirotes 1 408	61	R. Baumeister 848	39	2					
„ *1912*	*4 728*	*1 182*	*2 363*	*48,8*	*2 356*	*7*	*J. Peirotes 1 724*	*76*	*Weber 632*	*24*						

Aux 2 premiers cantons un 2e tour de scrutin a été nécessaire, parce qu'aucun des candidats n'avait atteint au 1er tour un nombre de voix au moins égal au quart des électeurs inscrits.

In den beiden ersten Kantonen ist eine Nachwahl erforderlich gewesen, weil die Stimmenzahl keines der Kandidaten den 4. Teil der eingeschriebenen Wähler im 1. Wahlgang erreichte

Les noms des candidats élus sont soulignés.

Die Namen der gewählten Kandidaten sind unterstrichen.

c) Elections municipales (30 nov. 1919). Gemeinderatswahl.

1. Résultats généraux. — Allgemeine Ergebnisse.

1	2	3	4		5	6	7		8		9		10	
SECTEUR ÉLECTORAL Wahlbezirk	Nombre des conseillers à élire Zahl der zu wählenden Mitglieder	Electeurs inscrits Eingeschriebene Wähler	Nombre de votants Wahlbeteiligung		Bulletins		Suffrages exprimés: Es erhielten Stimmen:							
					valables Gültige Stimmzettel	non valables Ungültige Stimmzettel	Liste commune des partis politiques 1) parti socialiste 2) Union populaire républ. 3) parti démocratique républ. 4) „ indépendant républ. 5) „ radical républicain		Les listes de l'Union locale et du comité de défense des intérêts de Strasbourg		Liste du parti des intérêts du Neudorf-Neuhof		Divers: Zersplittert:	
			chiffre absolu	%			chiffre absolu	%	chiffre absolu	%	chiffre absolu	%	chiffre absolu	%
I. Ville intérieure .... (intra muros)	23	18 611	11 114	59,7	10 780	334	168 508	71,8	65 957	28,1	—	—	247	0,1
II. La Robertsau	2	2 451	1 595	65,0	1 395	200	2 707	99,0	—	—	—	—	27	1,0
III. Neudorf et Neuhof ...... (Stockfeld)	7	5 400	3 667	67,9	3 538	129	15 934	66,0	—	—	8201	33,9	26	0,1
IV. Kœnigshoffen, Kronenbourg et Montagne-Verte.	4	3 810	2 281	59,8	1 965	317	9 523	98,8	—	—	—	..	120	1,2
Total.....	**36**	**30 272**	**18 657**	**61,6**	**17 678**	**980**	**196 672**	**72,5**	**65 957**	**24,3**	**8201**	**3,0**	**420**	**0,2**

CANDIDATS ÉLUS ET SUFFRAGES OBTENUS. Die gewählten Kandidaten und ihre Stimmenzahl.

I Ville intérieure :

Huck Henri 10 094
Neunreitor Eugène 10 057
} les noms ont figuré sur les trois listes des colonnes 7 à 9

Haug Hugo 9 077
Peter Fernand 9 026
Bucher Dr Pierre 8 994
Amann Auguste 8 918
Lévy Henry 8 790
Andrès Auguste 7 508
Petri Paul 7 342
Imbs Eugène 7 284
} les noms ont figuré sur deux listes

I. Ville intérieure :

Doll Charles 6 473
Becker Alex. 6 356
Schies Julien 6 314
Oberthür Charles 6 310
Keppi Jean 6 308
Arbogast Joseph 6 307
Schweitzer Georges 6 270
Hauth Fritz 6 246
Kapp Alphonse 6 242
Krohmer Gustave 6 233
Bohn Emile 6 190
Schuler Charles 6 127
Oesinger Franz 6 042
} les noms ont seulement figuré sur la liste de la colonne 7

II. La Robertsau : Peirotes Jacques 1370, Kamper Emile 1337.

III. Neudorf-Neuhof : Heysch Michel 2346, Meyer Laurent 2285, Riehl Charles 2280, Steibel Jean 2264, Kuballa Joseph 2261, Pedraglio Guillaume 2256, Straub Goerges 2242.

IV. Kœnigshoffen, Kronenbourg, Montagne-Verte : Kœssler Louis 1895, Hueber Charles 1890, Gabel Joseph 1889, Haas Ernest 1884.

Répartitions des conseillers municipaux suivant les partis politiques:
Politische Parteizugehörigkeit der Gemeinderäte:

a) Parti socialiste, 17 membres: MM. Peirotes, Bohn, Gabel, Haas, Heysch, Hueber, Imbs, Kamper, Kapp, Kœssler, Krohmer, Kuballa, Meyer, Pedraglio, Riehl, Steibel, Straub.

b) Bloc National: Union populaire républicaine, 6 membres: MM. Andrès, Arbogast, Becker, Doll, Keppi, Schies.

Parti républicain démocratique, 6 membres: MM. Haug, Lévy, Neunreiter, Oberthür, Peter, Schweitzer.

Parti républicain indép. 3 membres: MM. Dr Bucher, Huck, Amann.

c) Parti radical: 4 membres: MM. Hauth, Oesinger, Petri, Schuler.

Les partis politiques ont présenté une liste commune, se basant pour la répartition des mandats sur le résultat des élections législatives du 16 novembre 1919. Tous les candidats en ont été élus.

Die politischen Parteien haben eine gemeinsame Liste unter Zugrundelegung des Wahlergebnisses der Kammerwahl vom 16. 11. 19 bei Verteilung der Sitze aufgestellt. Alle Kandidaten derselben sind gewählt worden.

2. Election du Maire et des Adjoints. (10 déc. 1919). Wahl des Maire und der Beigeordneten.

Tous les 36 conseillers municipaux sont présents.

Election des membres de la municipalité:

M. Peirotes,	élu maire	avec 35 voix,	(1 bulletin blanc)		parti socialiste,
» Lévy,	» adjoint	» 34 »	(2 bulletins blancs)		» républicain démocrat.
» Meyer,	» »	» 30 »	(3 » »	3 divers)	parti socialiste,
» Neunreiter,	» »	» 29 »	(5 » »	2 »)	» républicain démocrat.,
» Keppi,	» »	» 24 »	(7 » »	5 »)	Union populaire républicaine,
» Oesinger,	» »	» 26 »	(6 » »	4 »)	parti radical.

3. Election des délégués et de leurs suppléants pour l'élection sénatoriale.

(10 déc. 1919). Wahl der Delegierten und ihrer Stellvertreter für die Senatswahl.

(A élire: 24 délégués et 5 suppléants). De 36 bulletins, 7 n'ont pas été valables.

1° Ont été élus au 1er tour de scrutin, à la majorité absolue, comme délégués:

a) Parti socialiste: 12 délégués: MM. Krohmer (31), Steibel (29), Kamper (29), Gabel (29), Imbs (29), Straub (29), Riehl (29), Kuballa (29), Haas (29), Pedraglio (29), Bohn (29), Kapp (29).

b) Bloc national[1]: MM. Dr Bucher (28), Haug (28), Schweitzer (28), Neunreiter (28), Oberthur (28), Schmoll (28), Schneider (28), Pfersdorff (28), Peter (27).

c) Parti radical: Hauth (31), Schuler (31), Oesinger (29).

2° Ont été élus au 1er tour de scrutin, à la majorité absolue, comme suppléants: MM. **Brand** Auguste, Wernert Albert, Pipenbrinck Auguste, Willig Guillaume et Hincker Charles, tous avec 29 voix. De 36 bulletins, 7 n'ont pas été valables.

d) Élections sénatoriales du 11 janvier 1920. Senatswahlen vom 11. Januar 1920.

Résultats dans les 3 départements recouvrés. Ergebnisse in den 3 wiedergefundenen Departements.

La loi du 17 octobre 1919 relative au «régime transitoire de l'Alsace et de la Lorraine» par son article 9, modifiant la loi du 9 décembre 1884 sur l'organisation du Sénat et les élections des sénateurs, a augmenté de quatorze le nombre des membres du Sénat, et décidé que les départements de la **Moselle** et du **Bas-Rhin** prendraient place parmi les départements appelés à élire **cinq** sénateurs et le **Haut-Rhin** parmi ceux qui en élisent **quatre**. Cette question résolue, il restait à savoir dans laquelle des 3 séries prendraient place les 3 départements réintégrés. En exécution de l'article 7 de la loi du 9 décembre 1884 pour l'application de l'article 9

Observations: Les chiffres entre parenthèses indiquent le nombre des voix. Die eingeklammerten Ziffern geben die Stimmenzahl an.

1) L'Union popul. républ. n'a pas présenté de candidats. Die Union popul. républ. hat bei dieser Wahl keine Kandidaten aufgestellt.

de la loi sur le régime transitoire de l'Alsace et de la Lorraine, les départements de la Moselle, du Haut-Rhin et du Bas-Rhin ont été répartis, **selon l'ordre alphabétique,** dans les série B et C :

la série A a 96 sénateurs ;

la série B a 106 + 5 (Moselle) = 111 sénateurs ;

la série C a 98 + 4 (Haut-Rhin) + 5 (Bas-Rhin) = 107 sénateurs.

Le renouvellement de la série C avec le Bas-Rhin et le Haut-Rhin a eu lieu le 7 janvier 1927, celui de la série B avec la Moselle le 6 janvier 1924.

Die Departements Moselle und Bas-Rhin haben je 5 Senatoren, der Haut-Rhin nur 4. Die Moselle wurde in die im Januar 1924 6. Januar 1924) zu erneuernde Serie B eingegliedert und Haut-Rhin und Bas-Rhin in die Serie C, deren Mandate im Januar 1927 zu erneuern waren. Die einzelnen Erneuerungsserien weisen hiernach folgende Zahl an Senatoren auf :

Die Serie A : 96 Senatoren;

die Serie B : 106 + 5 (Moselle) = 111 Senatoren ;

die Serie C : 98 + 4 (Haut-Rhin) + 5 (Bas-Rhin) = 107.

DÉPARTEMENT DE LA MOSELLE

(Élections du 11 janvier 1920)

1er tour — I. Wahlgang.

Electeurs inscrits Eingeschriebene Wähler	1410
Nombre des votants Zahl der Wähler	1403
Suffrages exprimés Abgegebene Stimmzettel	1387
dont la majorité est de Absolute Mehrheit	694

Ont obtenu :
Es erhielten

MM. le chanoine Collin	956	voix,	élu
le général Hirschauer	735	»	élu
le colonel Stuhl	636	»	
Barthélemy	541	»	
Pierson	539	»	
de Marguerie	447	»	
Couturier	445	»	
Bompard	418	»	

2e tour — 2. Wahlgang.

Electeurs inscrits Eingeschriebene Wähler	1410
Nombre des votants Zahl der Wähler	1387
Nombre d'enveloppes trouvées dans l'urne Zahl der in der Urne vorgefundenen Umschläge	1389

Bulletins blancs et nuls ; 7 à déduire.
Weisse und ungültige Stimmzettel abzuziehen

Suffrages exprimés, 1380, dont la majorité absolue est de. 691.
Gültige Stimmzettel absolute Mehrheit

Ont obtenu :
Es erhielten

MM. le colonel Stuhl	727 voix, élu
de Marguerie	511
Barthélemy	494
Bompard	450
Pierson	443
Berlin	369
Henriet	210
Couturier	197

3e tour — 3. Wahlgang.

Electeurs inscrits eingeschriebene Wähler	1410
Nombre des votants Zahl der Wähler	1307
Suffrages exprimés Gültige Stimmzettel	1307
dont la majorité absolue est de absolute Mehrheit	654

Ont obtenu :
Es erhielten

MM. de Marguerie	501	voix, élu
Bompard	454	» élu
Barthélemy	450	»

MM. le **chanoine Collin,** le **général Hirschauer,** le **colonel Stuhl, de Marguerie** et **Bompard** ont été proclamés sénateurs comme ayant réuni un nombre de voix au moins égal à la majorité absolue des suffrages exprimés et supérieur au quart des électeurs inscrits ou ayant obtenu la majorité relative.
wurden als Senatoren ausgerufen, da sie eine Stimmenzahl erhielten, die mindestens der absoluten Mehrheit der abgegebenen Stimmen entsprach und ein Viertel der eingeschriebenen Wähler übertraf bezw. welche der relativen Mehrheit entsprach.

Aucune protestation n'avait été adressée au Sénat.
Es wurde kein Protest hiergegen erhoben.

DÉPARTEMENT DU BAS-RHIN

(Élections du 11 janvier 1920)

1er tour — 1. Wahlgang.

Electeurs inscrits Eingeschriebene Wähler	1221
Nombre de votants Zahl der Wähler	1202
Suffrages exprimés Gültige Stimmzettel	1202
dont la majorité absolue est de Absolute Mehrheit	603

Ont obtenu :
Es erhielten

MM. le général Taufflieb, union pop. rép., bloc nat.			931	voix
Eccard, parti dém.	»	»	924	»
Diebold-Weber, parti dém.	»	»	922	»
Lazare Weiller, union pop. rép.	»	»	900	»
l'abbé Delsor, union pop. rép.	»	»	863	»

Les autres suffrages se sont répartis entre sept autres candidats, dont le plus favorisé, M. Jacques Peirotes, a obtenu 206 voix.

MM. le **général Emile Taufflieb, François Eccard, Michel Diebold-Weber, Lazare Weiller** et **l'abbé Delsor** ont été proclamés sénateurs comme ayant réuni un nombre de voix au moins égal à la majorité absolue des suffrages exprimés et supérieur au quart des électeurs inscrits.

Les opérations ont été régulières. Aucune protestation n'a été adressée au Sénat.

Die anderen Stimmen verteilen sich auf 7 andere Kandidaten, worunter Herr Jacques Peirotes die meisten Stimmen (206) erhielt.
Die Herren General Emile Taufflieb, Frédéric Eccard, Michel Diebold-Weber, Lazare Weiller und Abbé Delsor wurden als Senatoren ausgerufen; ihre Stimmenzahl entsprach im 1. Wahlgang mindestens der absoluten Mehrheit 603 und übertraf ein Viertel der eingeschriebenen Wähler.

Candidats non élus :
Nicht gewählte Kandidaten :

MM. Peirotes Jacques, maire de Strasbourg	(soc.)	206	voix
Karcher Max, maire et industriel	(rad.)	170	»
Richert	(rad.)	167	»
Blumenthal, avocat	(rad.)	154	»
Imbs Eugène, secrétaire de synd. ouvr.	(soc.)	147	»
Heysch Michel, ébéniste	(soc.)	136	»
Oesinger François	(rad.)	135	»

DÉPARTEMENT DU HAUT-RHIN

(Élections du 11 janvier 1920)

1er tour — I. Wahlgang.

Electeurs inscrits Eingeschriebene Wähler	911
Nombre des votants Zahl der Wähler	908
Suffrages exprimés Gültige Stimmzettel	908
dont la majorité absolue est de Absolute Mehrheit	455

Ont obtenu :
Es erhielten

MM. le général Bourgeois	688 voix
Scheurer	669 »

2e tour — 2. Wahlgang.

Electeurs inscrits Eingeschriebene Wähler	912	
Nombre des votants Zahl der Wähler	907	
Bulletins blancs et nuls Ungültige Stimmzettel	75	à déduire abzuziehen
Suffrages exprimés Gültige Stimmzettel	832	
dont la majorité absolue est de Absolute Mehrheit	417	

Ont obtenu :
Es erhielten

MM. Helmer	637 voix
Gegauff	515 »

MM. le **général Bourgeois, Scheurer, Helmer et Gegauff,** remplissant les conditions d'âge et de nationalité, ont été proclamés sénateurs, comme ayant réuni un nombre de voix au moins égal à la majorité absolue des suffrages exprimés et supérieur au quart des électeurs inscrits ; ils appartiennent au bloc national.

Die Herren General Bourgeois, Scheurer, Helmer und Gegauff wurden als Senatoren ausgerufen ; sie gehören zum Bloc National.

Les élections sénatoriales du 11 janvier 1920 dans les 3 départements recouvrés ont été validées dans la 2e séance du 13 janvier 1920. (Débats parlem. Sénat, session ordin. de 1920, pages 13 et 15.)

Die Senatswahlen vom 11. Januar 1920 in den 3 Departements wurden in der 2. Senatssitzung vom 13. Januar 1920 für gültig erklärt.

II. Élections cantonales de mai 1922 à Strasbourg.

Generalratswahlen vom Mai 1922 in Strassburg.

1. La population globale et le chiffre des électeurs inscrits des quatre cantons de la Ville.

Die Gesamtbevölkerung und die Zahl der eingeschriebenen Wähler in den vier Stadtkantonen.

Après la guerre, le renouvellement général des deux séries des conseils généraux et des conseils d'arrondissement, qui sont renouvelables par moitié de trois en trois ans, a été fixé au dimanche 14 décembre 1919; la première série a été renouvelée en 1922 et la seconde série en 1925. Le roulement régulier des séries est établi à l'heure actuelle par la loi du 17 octobre 1919, article 3.

Nach dem Kriege wurde die allgemeine Erneuerung der beiden Serien der General- und Kreisräte, die zur Hälfte alle 3 Jahre wiederzuwählen sind, auf Sonntag, den 14. Dezember 1919 festgesetzt; die erste Serie war somit 1922 wieder zu erneuern; die zweite Erneuerung hatte 1925 zu erfolgen. Der regelmässige Wechsel der Serien wird zurzeit durch Gesetz vom 17. Oktober 1919, Artikel 3, bestimmt.

		Canton — Kanton				Total
		Nord Nord	Sud Süd	Est Ost	Ouest West	
Ville intérieure (intra-muros) — Innenstadt	population	42 496	18 781	19 706	25 070	106 053
Banlieue (extra-muros) — Vororte	„	10 225	7 718	24 724	18 047	60 714
Total		**52 721**	**26 499**	**44 430**	**43 117**	**166 767**
en %		**31,61%**	**15,89 %**	**26,64%**	**25,86%**	**100**
Electeurs inscrits lors des élections cantonales de mai 1922 Eingeschriebene Wähler bei den Kantonalwahlen im Mai 1922	chiffre absolu	**10 556**	**5 532**	**20 020***		**36 108***
	en %	**29,23%**	**15,32%**	**55,45 %**		**100**

*) Chiffres de la Liste électorale arrêtée au 31 mars 1922; les chiffres des cantons nord et sud sont ceux qui ont été rectifiés avant les élections cantonales.

2. Résultat des élections au Conseil général dans les Cantons Nord et Sud de Strasbourg.

Generalratswahlergebnisse im Strassburger Nord- und Südkanton.

Première série renouvelable en 1922. — Erste, im Jahre 1922 wieder zu erneuernde Serie.

Canton	Électeurs inscrits / eingeschrieb. Wähler	Dont le quart / wovon ein Viertel	Nombre des votants / Wahlbeteiligung: chiffre absolu	%	Bulletins / Stimmzettel: valables / gültige	non valables / ungültige	SUFFRAGES EXPRIMÉS — Wahlergebnisse. Ont obtenu — Es erhielten: 1er tour de scrutin — 1. Wahlgang 14. Mai 1922. Parti socialiste: chiffre absolu	%	Bloc national républicain: chiffre absolu	%	Parti radical: chiffre absolu	%	Parti communiste: chiffre absolu	%	éparpillés / zersplittert	2e tour de scrutin — 2. Wahlgang (Nachwahl) 21. Mai 1922. Parti socialiste: chiffre absolu	%	Bloc national: chiffre absolu	%	éparpillés / zersplittert
Nord en 1922	10 556	2639	5970	56,6	5799	171	L. Meyer 1697	29,2	H. Lévy 2214	38	F. Oesinger 1155	20	Th. Singer 733	12,6	2					
			5993	56,7	5840	153										L. Meyer 3056	52,3	H. Lévy 2779	47,6	13
en 1919	8639	2160	3793	43,9	3705	88	L. Meyer 1623	45	H. Lévy 2072	55					10					
			4287	49,6	4227	60										L. Meyer 1693	39	H. Lévy 2533	61	1
en 1909	8926	2191	4595	52,4	4369	226	L. Meyer 1790	42	Riff 2579	58										
Sud en 1922	5532	1383	3187	57,6	3103	84	J. Peirotes 1311	42,2	R. Baumeister 854	27,5	P. Maurer 348	11,2	E. Haas 587	18,9	3					
			2910	52,6	2845	65										J. Peirotes 1928	67,7	R. Baumeister 913	32	4
en 1919	4927	1232	2295	46,5	2258	37	J. Peirotes 1408	61	R. Baumeister 848	39					2					
en 1912	4728	1182	2363	48,8	2356	7	J. Peirotes 1724	76	Weber 632	24										

Un 2e tour de scrutin a été nécessaire en 1922, parce qu'aucun des candidats n'avait atteint au 1er tour *a*) la majorité absolue (moitié plus un des suffrages exprimés), *b*) un nombre de suffrages égal au quart de celui des électeurs inscrits.

Eine Nachwahl ist 1922 erforderlich gewesen, weil im 1. Wahlgang kein Kandidat die absolute Stimmenmehrheit und eine dem Viertel der eingeschriebenen Wähler gleiche Stimmenzahl auf sich vereinigte.

Les noms des candidats élus sont soulignés.

Die Namen der Gewählten sind unterstrichen.

3. Diagramme des suffrages exprimés aux trois dernières élections cantonales (1909, 1919 et 1922)

Diagramm der Wahlergebnisse bei den 3 letzten Kantonalwahlen (1909, 1919 und 1922).

Premier tour de scrutin. — 1. Wahlgang.

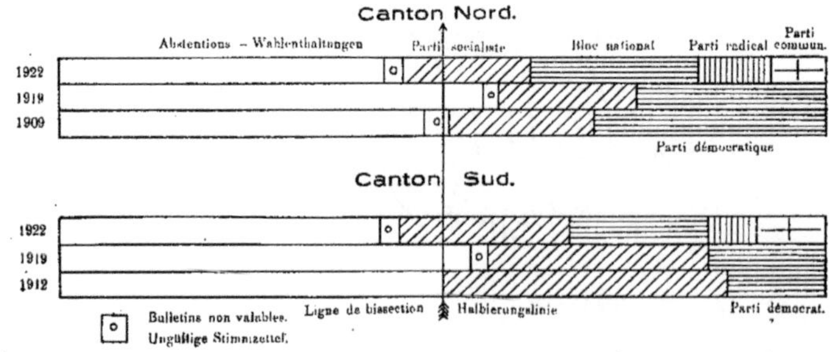

III. Statistique des élections législatives du 11 Mai 1924.

Statistik der Kammerwahlen vom 11 Mai 1924.

Elections à la Chambre des députés. Wahlen für die Abgeordnetenkammer.

1. Aperçu général des résultats de ces élections dans les différents bureaux de vote.

Gesamtübersicht der Wahlergebnisse in den einzelnen Stimmlokalen.

SECTEUR URBAIN Stadtteil	Bureau de vote Stimmbezirk	QUARTIER Stadtviertel	Électeurs inscrits eingeschriebene Wähler	Nombre de votants Wahlbeteiligung chiffre absolu	%	Bulletins Stimmzettel Valables gültige	%	Suffrages recueillis par la liste du scrutin de liste: 9 députés à élire) Stimmenverteilung (Listenwahl: 9 Abgeordnete sind zu wählen) Parti communiste chiffre absolu	%	Parti socialiste chiffre absolu	%	Bloc national chiffre absolu	%	Parti radical chiffre absolu	%	Comité républ. nat. chiffre absolu	%	TOTAUX
Ville intérieure .. (intra muros)	1	Hôtel de Ville	657	525	79,9	519	6	853	18,5	1 473	32,0	1 442	31,3	442	9,6	394	8,6	4 604
	2	École de la Cathédrale	917	741	81,2	739	5	1 062	16,4	1 872	28,8	2 100	32,3	847	13,0	615	9,5	6 496
	3	Lycée de jeunes filles	1 135	861	75,9	848	13	1 075	14,2	2 133	28,2	3 330	44,1	530	7,0	487	6,5	7 555
	4	Lycée Kléber (Palais)	1 046	833	79,7	818	15	502	6,9	1 860	25,6	2 655	36,5	1 111	15,3	1 141	15,7	7 269
	5	École israélite d'arts et métiers	1 040	823	79,2	817	6	594	8,4	1 873	26,4	2 429	34,3	1 278	18,0	913	12,9	7 087
	6	Bâtiment des ateliers de la Chambre de métiers	1 101	892	81,1	884	8	496	6,3	1 781	22,7	2 511	32,0	1 144	14,6	1 919	24,4	7 851
	7	École Pigier	634	514	81,1	510	4	237	5,3	1 019	22,8	1 507	33,6	916	20,3	805	18,0	4 478
	8	Bâtiment principal de l'Université	1 192	948	79,5	938	10	431	5,2	1 706	20,6	3 210	38,8	1 211	14,7	1 714	20,7	8 272
	9	École technique	1 432	1 178	82,3	1 166	12	1 608	15,6	3 476	33,6	2 681	25,9	1 509	14,6	1 068	10,3	10 342
	10	Bâtiment principal de l'Université	1 077	896	83,2	883	13	496	6,3	2 046	26,1	2 767	35,2	1 291	16,4	1 251	16,0	7 854
	11	École de l'Académie	1 047	816	78,0	807	9	2 293	31,9	2 763	38,5	1 226	17,1	608	8,5	286	4,0	7 176
	12	École St-Guillaume	1 011	796	78,8	790	6	2 381	34,1	2 158	30,9	1 507	21,6	595	8,5	338	4,9	6 979
	13	École moyenne	1 217	937	77,0	920	17	1 772	21,8	2 740	33,7	2 527	31,0	707	8,7	388	4,8	8 134
	14	École du dragon	1 024	804	78,5	784	20	1 496	21,6	2 395	34,6	1 995	28,8	687	9,9	349	5,1	6 922
	15	École St-Louis	903	751	83,2	741	10	1 461	22,2	2 500	37,9	1 587	24,1	656	9,9	386	5,9	6 590
	16	Cercle catholique des jeunes gens St-Aloyse	1 097	891	81,3	882	9	1 499	19,2	2 708	34,8	2 142	27,5	1 040	13,4	395	5,1	7 784
	17	École Ste-Aurélie	1 111	855	77,0	848	7	1 170	15,6	2 566	34,3	2 241	29,9	1 033	13,8	479	6,4	7 489
	18	École St-Thomas	919	735	80,0	721	14	1 903	29,9	2 331	36,6	1 250	19,6	542	8,5	346	5,4	6 372
	19	École St-Thomas	906	708	78,2	691	17	1 177	19,2	2 019	32,9	1 726	28,1	684	11,2	526	8,6	6 132
	20	Grande salle de l'Aubette	652	501	76,9	493	8	711	16,4	1 509	34,8	1 102	25,5	607	14,0	401	9,3	4 330
	21	Lycée Kléber (St-Jean)	653	509	77,9	502	7	694	15,7	1 351	30,6	1 328	30,0	515	11,6	533	12,1	4 421
	22	École Ste-Aurélie	979	726	74,2	722	4	1 151	18,1	1 843	29,0	2 014	31,7	800	12,6	551	8,6	6 359
	23	École primaire St-Jean	1 028	774	75,3	767	7	1 267	18,7	1 944	28,6	2 045	30,1	879	12,9	661	9,7	6 796
	24	Halle du marché au quai Kléber	891	680	76,4	673	7	655	11,0	1 713	28,7	1 919	32,2	928	15,5	750	12,6	5 965
	25	École Schœpflin	806	591	73,4	583	8	570	11,0	1 475	28,5	1 704	33,0	787	15,2	636	12,3	5 172
Localités de la banlieue :	26	École primaire, rue Bœcklin	1 399	1 168	83,5	1 154	14	1 344	13,3	4 088	40,6	3 458	34,3	742	7,4	441	4,4	10 073
	27	École primaire, rue Bœcklin	1 339	1 138	85,0	1 124	14	1 592	16,0	5 188	52,1	2 144	21,5	716	7,2	322	3,2	9 962
Robertsau :	28	Tivoli	200	169	84,5	165	4	164	11,1	350	23,8	557	37,9	269	18,3	131	8,9	14 71
Neudorf :	29	École de la Ziegelau	1 141	956	83,8	938	18	3 150	37,6	2 835	33,9	1 713	20,5	417	5,0	251	3,0	8 366
	30	École de la Ziegelau	1 192	996	83,6	976	20	2 724	31,2	2 833	32,4	2 022	23,2	802	9,2	353	4,0	8 734
	31	Nouvelle école de la Musau	1 245	982	78,9	978	4	2 597	30,0	3 128	36,1	1 872	21,6	767	8,8	301	3,5	8 665
	32	École du Schluthfeld	1 286	1 005	78,2	994	11	2 207	25,0	3 426	38,9	2 023	22,9	871	9,9	288	3,3	8 815
	33	Baraque d'école à la Hohwarth	206	162	78,7	161	1	217	15,1	367	25,6	494	34,4	238	16,6	120	8,3	1 436
	34	École du Neufeld	1 169	938	80,3	928	10	1 818	22,0	2 855	34,5	2 419	29,2	831	10,0	354	4,3	8 277
Neuhof-Stockfeld :	35	École protestante du Neuhof	1 272	1 079	84,8	1 060	19	1 749	18,7	3 631	38,7	2 937	31,3	671	7,2	382	4,1	9 370
Kœnigshoffen :	36	Ancienne école protestante de Kœnigshoffen	653	523	80,1	516	7	991	21,6	1 374	30,0	1 459	31,8	388	8,5	371	8,1	4 583
	37	Nouvelle école de Kœnigshoffen	1 092	894	81,9	883	11	1 964	25,1	2 708	34,6	2 211	28,3	584	7,5	355	4,5	7 822
Cronenbourg :	37	Ancienne école catholique de Cronenbourg	982	802	81,7	791	11	2 239	31,8	2 206	31,3	1 877	26,7	552	7,8	171	2,4	7 045
	39	École protestante de garçons de Cronenbourg	1 103	913	82,8	906	7	2 258	28,1	2 281	28,3	2 483	30,8	782	9,7	247	3,1	8 051
Montagne-Verte :	40	École du Gliesberg	1 131	903	79,9	889	14	2 111	26,4	2 791	34,9	1 962	24,5	685	8,6	447	5,6	7 995
			39 885	*31 916	80,0	31 509	407	54 679	19,6	91 315	32,7	80 576	28,9	30 656	11,0	21 869	7,8	279 096
Chiffres totaux de Strasbourg		11 mai 1924	**39 885**	**31 934**	**80,1**	**31 555**	**379**	**54 716**	**19,6**	**91 433**	**32,7**	**80 688**	**28,9**	**30 718**	**11,0**	**21 911**	**7,8**	**279 466**
Chiffres totaux du Dép. du Bas-Rhin		11 mai 1924	**176 464**	**149 824**	**84,9**	**147 963**	**1861**	**187 336**	**14,2**	**340 479**	**25,8**	**587 959**	**44,6**	**144 202**	**10,9**	**58 828**	**4,5**	**1 318 804**

*) Chiffres primitivement proclamés le 11 mai 1924 par les bureaux de vote. Durch die Wahlvorsteher proklamierten Ziffern.

			Électeurs inscrits	Votants chiffre absolu	%	Valables	%	Parti communiste	%	Parti socialiste	%	Bloc national	%	Parti radical	%	Comité républ. nat.	%	TOTAUX
Chiffres totaux de Strasbourg		16 nov. 1919	**30 269**	**24 890**	**82,2**	**24 522**	**368**			**107 115**	**49,0**	**85 269**	**39,0**	**26 209**	**11,9**	**0,004**		
Chiffres totaux du Dép. du Bas-Rhin		16 nov. 1919	**164 245**	**133 616**	**81,3**	**131 992**	**1624**			**434 667**	**36,8**	**633 293**	**53,7**	**111 182**	**9,4**	**0,009**		

Élections au Reichstag (suffrage uninominal)												Centre als.-lorr.		P. lib. dém.		D. Reichsp.		Indép.
en 1912 :		Chiffres de Strasbourg	38 634	32 416	83,9	31 761	655			16 462	51,8	5 176	16,3	9 990	31,5	—	—	— 1)
		» du Département du Bas-Rhin	160 957	—	86,2	136 100	—			42 708	31,4	42 564	31,3	36 007	26,4	7331	5,4%	7302 5,4%
		» de toute l'Alsace-Lorraine 2)	417 559	—	84,9	348 654	—			110 695	31,7	118 394	34,0	67 886	19,5	7373	2,1%	7341 2,1%
en 1907 :		Chiffres de Strasbourg 1er tour	38 785	30 538	78,9	30 361	—			12 253	40,3	5 574	18,4	12 531	41,3	—	—	— —
		» de Strasbourg 2e tour	—	30 476	78,6	29 619	—			14 891	50,3	—	—	14 728	49,7	—	—	— —

1) Soutenu par le Centre (Vom Zentrum unterstützt).

2) En 1912 il y a eu, en outre, en Lorraine le Parti lorrain indépendant dont 6 candidats ont été élus avec l'aide tantôt du Centre (4 arrondissements), tantôt du Parti libéral-démocratique (3 arrondissements). Il a recueilli 36.336 voix, soit 10,4 du chiffre total de l'Alsace-Lorraine. Le Centre alsac.-lorrain et le Parti libéral-démocratique ayant en 1912 soutenu le premier 5 et le second 3 candidats indépendants, leurs chiffres totaux pour l'Alsace-Lorraine sont inférieurs au nombre de leurs adhérents. Il en est de même des chiffres du Centre pour le Bas-Rhin.

Da Zentrum und Liberal-Demokraten 5 bezw. 3 unabhängige Kandidaten unterstützten, so sind die für sie hier angeführten Gesamtzahlen geringer als ihre wirkliche Anhängerzahl. Dasselbe trifft auch beim Zentrum für dessen Zahlen des Unter-Elsass zu.

*) 18 couverts contenant des « votes par correspondance » de fonctionnaires des pays occupés (loi du 12 avril 1924) sont arrivés à la mairie le jour du scrutin, mais n'ont pu être transmis aux bureaux de vote respectifs. La Commission du Tribunal civil en a ajouté les résultats aux chiffres primitivement proclamés. De là la différence entre les chiffres proclamés et les chiffres admis par ladite commission.

18 Umschläge mit « brieflichen Stimmabgaben » von Beamten des besetzten Rheinlands (Gesetz vom 12. April 1924) sind an das Bürgermeisteramt am Wahltage selbst erst gelangt und konnten nicht mehr dem in Frage kommenden Stimmlokal übergeben werden. Die Kommission des Landgerichts hat deren Ergebnisse den ursprünglich proklamierten Ziffern hinzugezählt. Hieraus erklärt sich der Unterschied zwischen den verkündeten Ziffern und denjenigen der Prüfungskommission.

2. Résultats d'après les cantons de la Ville. Ergebnisse nach Stadtkantonen.

(Ce tableau permet de comparer les résultats avec les élections cantonales qui ont lieu par canton.)
(Diese Tabelle gestattet den Vergleich der Ergebnisse mit denjenigen der Generalratswahlen, die nach Kantonen stattfinden).

CANTON Kanton	Bureau de vote nº Stimmlokal Nr.	BUREAUX DE VOTE Stimmlokale	Électeurs inscrits Eingeschriebene Wähler	Nombre des votants Wahlbeteiligung chiffre abs.	%	Bulletins Stimmzettel valables gültig	non val. ungültig	Suffrages recueillis par la liste du: Es entfielen auf die Liste des: Parti socialiste chiffre abs.	%	Bloc rép. national chiffre abs.	%	Parti communiste chiffre abs.	%	Parti radical chiffre abs.	%	Comité répbl. national chiffre abs.	%
Nord:	1	Hôtel de Ville	657	525	79,9	519	6	1 473	32,0	1 442	31,3	853	18,5	442	9,6	394	8,6
	4	Lycée Kléber	1 046	833	79,7	818	15	1 860	25,6	2 655	36,5	502	6,9	1 111	15,3	1 141	15,7
	5	École israélite d'arts et métiers	1 040	823	79,2	817	6	1 873	26,4	2 429	34,3	594	8,4	1 278	18,0	913	12,9
	6	Bâtiment des ateliers de la Chambre de métiers	1 101	892	81,1	881	8	1 781	22,7	2 511	32,0	496	6,3	1 144	14,6	1 919	24,4
	7	École Pigier	634	514	81,1	510	4	1 019	22,8	1 507	33,6	237	5,3	910	20,3	805	18,0
	8	Bâtiment principal de l'Université	1 192	948	79,5	938	10	1 706	20,6	3 210	38,8	431	5,2	1 211	14,7	1 714	20,7
	9	École technique	1 432	1 178	82,3	1 166	12	3 476	33,6	2 681	25,9	1 608	15,6	1 509	14,6	1 068	10,3
	10	Bâtiment principal de l'Université	1 077	896	83,2	883	13	2 046	26,1	2 767	35,2	496	6,3	1 291	16,4	1 254	16,0
	20	Grande salle de l'Aubette	652	501	76,9	493	8	1 509	34,8	1 102	25,5	711	16,4	607	14,0	401	9,3
	25	École Schœpflin	806	591	73,4	583	8	1 475	28,5	1 704	33,0	570	11,0	787	15,2	636	12,3
	26	École primaire, rue Bœcklin	1 399	1 168	83,5	1 154	14	4 088	40,6	3 458	34,3	1 344	13,3	742	7,4	441	4,4
	27	École primaire, rue Bœcklin	1 339	1 138	85,0	1 124	14	5 188	52,1	2 141	21,5	1 592	16,0	716	7,2	322	3,2
	28	Tivoli	200	169	84,5	165	4	350	23,8	557	37,9	161	11,1	269	18,3	131	8,9
		Totaux du Canton Nord	**12 575**	**10 176**	**80,9**	**10 054**	**122**	**27 844**	**31,4**	**28 167**	**31,7**	**9 598**	**10,8**	**12 017**	**13,5**	**11 139**	**12,6**
Sud:	2	École de la Cathédrale	917	744	81,2	739	5	1 572	28,8	2 100	32,3	1 062	16,4	847	13,0	615	9,5
	14	École du Dragon	1 024	804	78,5	784	20	2 395	34,6	1 995	28,8	1 496	21,6	687	9,9	349	5,1
	15	École St-Louis	905	751	83,2	741	10	2 500	37,9	1 587	24,1	1 461	22,2	656	9,9	386	5,9
	18	École St-Thomas	919	735	80,0	721	14	2 331	36,6	1 259	19,6	1 903	29,9	542	8,5	346	5,4
	19	École St-Thomas	906	708	78,2	691	17	2 019	32,9	1 726	28,1	1 177	19,2	684	11,2	526	8,6
	35	École protestante du Neuhof	1 272	1 079	84,8	1 060	19	3 631	38,7	2 937	31,3	1 749	18,7	671	7,2	382	4,1
		Totaux du Canton Sud	**5 943**	**4 821**	**81,1**	**4 736**	**85**	**14 748**	**35,2**	**11 595**	**27,7**	**8 848**	**21,1**	**4 087**	**9,8**	**2 604**	**6,2**
Ouest: West	3	Lycée de jeunes filles	1 135	861	75,9	848	13	2 133	28,2	3 330	44,1	1 075	14,2	530	7,0	487	6,5
	11	École de l'Académie	1 047	816	78,0	807	9	2 763	38,5	1 226	17,1	2 293	31,9	608	8,5	286	4,0
	12	École St-Guillaume	1 011	796	78,8	790	6	2 158	30,9	1 507	21,6	2 381	34,1	595	8,5	338	4,9
	13	École moyenne	1 217	937	77,0	920	17	2 740	33,7	2 527	31,0	1 772	21,8	707	8,7	388	4,8
	29	École de la Ziegelau	1 141	956	83,8	938	18	2 835	33,9	1 713	20,5	3 150	37,6	417	5,0	251	3,0
	30	École de la Ziegelau	1 192	996	83,6	976	20	2 833	32,4	2 022	23,2	2 724	31,2	802	9,2	353	4,0
	31	Nouvelle école de la Musau	1 245	982	78,9	978	4	3 128	36,1	1 872	21,6	2 597	30,0	767	8,8	301	3,5
	32	École de Schluthfeld	1 286	1 005	78,2	994	11	3 426	38,9	2 023	22,9	2 207	25,0	871	9,9	288	3,3
	33	Baraque d'école à la Hohwarth	206	162	78,7	161	1	367	25,6	494	34,4	217	15,1	238	16,6	120	8,3
	34	Ecole du Neufeld	1 169	938	80,3	928	10	2 855	34,5	2 419	29,2	1 818	22,0	831	10,0	354	4,3
		Totaux du Canton Ouest	**10 649**	**8 449**	**79,3**	**8 340**	**109**	**25 238**	**34,0**	**19 133**	**25,8**	**20 234**	**27,3**	**6 366**	**8,6**	**3 166**	**4,3**
Est: Ost	16	Cercle catholique des jeunes filles St-Aloïse	1 097	891	81,3	882	9	2 708	34,8	2 142	27,5	1 499	19,2	1 040	13,4	395	5,1
	17	École Ste-Aurélie	1 111	855	77,0	848	7	2 566	34,3	2 241	29,9	1 170	15,6	1 033	13,8	479	6,4
	21	Lycée Kléber (St-Jean)	653	509	77,9	502	7	1 351	30,6	1 328	30,0	694	15.7	515	11,6	533	12,1
	22	École Ste-Aurélie	979	726	74,2	722	4	1 843	29,9	2 014	31,7	1 151	18,1	800	12,6	551	8,6
	23	École primaire St-Jean	1 028	774	75,3	767	7	1 944	28,6	2 045	30,1	1 267	18,7	879	12,9	661	9,7
	24	Halle du marché au quai Kléber	891	680	76,4	673	7	1 713	28,7	1 919	32,2	655	11.0	928	15,5	750	12,6
	36	Ancienne école protestante de Kœnigshoffen	653	523	80,1	516	7	1 374	30,0	1 459	31,8	991	21,6	388	8,5	371	8,1
	37	Nouvelle école de Kœnigshoffen	1 092	894	81,9	883	11	2 708	34,6	2 211	28,3	1 964	25,1	584	7.5	355	4.5
	38	Ancienne école catholique de Cronenbourg	982	802	81,7	791	11	2 206	31,3	1 877	26,7	2 230	31,8	552	7,8	171	2,4
	39	École protestante des garçons de Cronenbourg	1 108	913	82,8	906	7	2 281	28.3	2 483	30,8	2 258	28,1	782	9,7	247	3,1
	40	École de Gliesberg	1 131	903	79,9	889	14	2 791	34.9	1 962	24,5	2 111	26,4	685	8,6	447	5,6
		Totaux du Canton Est	**10 720**	**8 470**	**79,0**	**8 379**	**91**	**23 485**	**31,6**	**21 681**	**29,2**	**15 999**	**21,5**	**8 186**	**11,0**	**4 960**	**6,7**
		Totaux de toute la ville Gesamtergebnisse	**39 885**	**31 916**	**80,0**	**31 509**	**407**	**91 315**	**32,7**	**80 576**	**28,9**	**54 679**	**19,6**	**30 656**	**11,0**	**21 869**	**7,8**

3. Résultats d'après les différents Quartiers de la Ville. Ergebnisse nach Stadtteilen.

CANTON Kanton	Bureau de vote nº Stimmlokal Nr.	BUREAUX DE VOTE Stimmlokale	Electeurs inscrits Eingeschriebene Wähler	Nombre des votants Wahlbeteiligung		Bulletins Stimmzettel		Suffrages recueillis par la liste du: Es entfielen auf die Liste des:									
								Parti socialiste		Bloc rép. national		Parti communiste		Parti radical		Comité répbl. national	
				chiffre abs.	%	valables gültig	non val. ungültig	chiffre abs.	%	chiffre abs.	%	chiffre abs.	%	chiffre abs.	%	chiffre abs.	%
Ville intra muros	1	Hôtel de Ville	657	525	79,9	519	6	1 473	32,0	1 442	31,3	853	18,5	442	9,6	394	8,6
	2	École de la cathédrale	917	744	81,2	739	5	1 872	28,8	2 100	32,3	1 062	16,4	847	13,0	615	9,5
	3	Lycée des jeunes filles	1 135	861	75,9	848	13	2 133	28,2	3 330	44,1	1 075	14,2	530	7,0	487	6,5
	4	Lycée Kléber (Palais)	1 046	833	79,7	818	15	1 860	25,6	2 655	36,5	502	6,9	1 111	15,3	1 141	15,7
	5	École israélite d'arts et métiers	1 040	823	79,2	817	6	1 873	26,4	2 429	34,3	594	8,4	1 278	18,0	913	12,9
	6	Bâtiment des ateliers de la Chambre des métiers	1 101	892	81,1	884	8	1 781	22,7	2 511	32,0	496	6,3	1 144	14,6	1 919	24,4
	7		634	514	81,1	510	4	1 019	22,8	1 507	33,6	237	5,3	910	20,3	805	18,0
	8	Bâtiment principal de l'Université	1 192	948	79,5	938	10	1 706	20,6	3 210	38,8	431	5,2	1 211	14,7	1 714	20,7
	9	École technique	1 432	1 178	82,3	1 166	12	3 476	33,6	2 681	25,9	1 608	15,6	1 509	14,6	1 068	10,3
	10	Bâtiment principal de l'Université	1 077	896	83,2	883	13	2 016	26,1	2 767	35,2	496	6,3	1 291	16,4	1 254	16,0
	11	École de l'Académie	1 047	816	78,0	807	9	2 763	38,5	1 226	17,1	2 293	31,9	608	8,5	286	4,0
	12	École St-Guillaume	1 011	796	78,8	790	6	2 158	30,9	1 507	21,6	2 381	34,1	595	8,5	338	4,9
	13	École moyenne	1 217	937	77,0	920	17	2 740	33,7	2 527	31,0	1 772	21,8	707	8,7	388	4,8
	14	École du Dragon	1 024	804	78,5	784	20	2 395	34,6	1 995	28,8	1 496	21,6	687	9,9	349	5,1
	15	École St-Louis	903	751	83,2	741	10	2 500	37,9	1 587	24.1	1 461	22,2	656	9,9	386	5,9
	16	Cercle catholique des jeunes filles St-Aloyse	1 097	891	81,3	882	9	2 708	34,8	2 142	27,5	1 499	19,2	1 040	13,4	395	5,1
	17	École Ste-Aurélie	1 111	855	77,0	848	7	2 566	34,3	2 241	29,9	1 170	15,6	1 033	13,8	479	6,4
	18	École St-Thomas	919	735	80,0	721	14	2 331	36,6	1 250	19,6	1 903	29,9	542	8,5	346	5,4
	19	École St-Thomas	906	708	78,2	691	17	2 019	32,9	1 726	28,1	1 177	19,2	684	11,2	526	8,6
	20	Grande salle de l'Aubette	652	501	76,9	493	8	1 509	34,8	1 102	25,5	711	16,4	607	14,0	401	9,3
	21	Lycée Kléber (St-Jean)	658	509	77,9	502	7	1 351	30,6	1 328	30,0	694	15,7	515	11,6	533	12,1
	22	École Ste-Aurélie	979	726	74,2	722	4	1 843	29,0	2 014	31,7	1 151	18,1	800	12,6	551	8,6
	23	École primaire St-Jean	1 028	774	75,3	767	7	1 944	28,6	2 045	30,1	1 267	18,7	879	12,9	661	9,7
	24	Halle du marché au quai Kléber	891	680	76,4	673	7	1 713	28,7	1 919	32,2	655	11,0	928	15,5	750	12,6
	25	École Schœpflin	806	591	73,4	583	8	1 475	28,5	1 704	33,0	570	11,0	787	15,2	636	12,3
		Total ou moyenne	**24 475**	**19 288**	**78,8**	**19 046**	**242**	**51 254**	**30,4**	**50 945**	**30,2**	**27 554**	**16,4**	**21 341**	**12,7**	**17 335**	**10,3**
Robertsau:	26	École primaire, rue Bœcklin	1 399	1 168	83,5	1 154	14	4 088	40,6	3 458	34,3	1 344	13,3	742	7,4	441	4,4
	27	École primaire, rue Bœcklin	1 309	1 138	85,0	1 124	14	5 188	52,1	2 144	21,5	1 592	16,0	716	7,2	322	3,2
	28	Tivoli	200	169	84,5	165	4	350	23,8	557	37,9	164	11,1	269	18,3	131	8,9
		Total ou moyenne	**2 938**	**2 475**	**84,3**	**2 443**	**32**	**9 626**	**44,8**	**6 159**	**28,6**	**3 100**	**14,4**	**1 727**	**8,0**	**894**	**4,2**
Neudorf:	29	École de la Ziegelau	1 141	956	83,8	938	18	2 835	33,9	1 718	20,5	3 150	37,6	417	5,0	251	3,0
	30	École de la Ziegelau	1 192	996	83,6	976	20	2 833	32,4	2 022	23,2	2 724	31,2	802	9,2	353	4,0
	31	Nouvelle école de la Musau	1 245	982	78,9	978	4	3 128	36,1	1 872	21,6	2 597	30,0	767	8,8	301	3,5
	32	École du Schluttfeld	1 286	1 005	73,2	994	11	3 420	38,0	3 023	22,9	2 207	25,0	871	9,9	288	3,3
	33	Baraque d'école de la Hohwarth	206	162	78,7	161	1	367	25,6	494	34,4	217	15,1	238	16,6	120	8,3
	34	École du Neufeld	1 169	938	80,3	928	10	2 855	34,5	2 419	29,2	1 818	22,0	831	10,0	354	4,3
		Total ou moyenne	**6 239**	**5 039**	**80,8**	**4 975**	**64**	**15 444**	**34,9**	**10 543**	**23,8**	**12 713**	**28,7**	**3 926**	**8,8**	**1 667**	**3,8**
Neuhof-Stockfeld:	35	École protestante du Neuhof	1 272	1 079	84,8	1 060	19	3 631	38,7	2 937	31,3	1 749	18,7	671	7,2	382	4,1
Kœnigshoffen	36	Ancienne école protestante de Kœnigshoffen	653	523	80,1	516	7	1 374	30,0	1 459	31,8	991	21,6	388	8,5	371	8,1
	37	Nouvelle école de Kœnigshoffen	1 092	894	81,9	883	11	2 708	34,6	2 211	28,3	1 964	25,1	584	7,5	355	4,5
		Total ou moyenne	**1 745**	**1 417**	**81,2**	**1 399**	**18**	**4 082**	**32.9**	**3 670**	**29,6**	**2 955**	**23.8**	**972**	**7,8**	**726**	**5,9**
Cronenbourg:	38	Ancienne école catholique de Cronenbourg	982	802	81.7	791	11	2 206	31,3	1 877	26,7	2 239	31.8	552	7,8	171	2,4
	39	École protestante de garçons de Cronenbourg	1 103	913	82,8	906	7	2 281	28,3	2 483	30,8	2 258	28.1	782	9,7	247	3,1
		Total ou moyenne	**2 085**	**1715**	**82,3**	**1 697**	**18**	**4 487**	**29,7**	**4 360**	**28,9**	**4 497**	**29,8**	**1 334**	**8,8**	**418**	**2,8**
Montagne-Verte	40	École du Gliesberg	1 131	902	79.9	889	14	2 791	34,9	1 962	24,5	2 111	26,4	685	8,6	447	5,6
		Total ou moyenne de la Ville entière	**39 885**	**31 916**	**80,0**	**31 509**	**407**	**91 315**	**32,7**	**80 576**	**28,9**	**54 679**	**19,6**	**30 656**	**11,0**	**21 869**	**7,8**

4° Circonscription des différents bureaux de vote.
4. Beschreibung der Stimmbezirke.

1er Bureau de vote :
Hôtel de Ville,
9, rue Brûlée ; Salle précédant la salle des mariages au rez-de-chaussée.

1. Wahllokal :
Rathaus,
Brandgasse 9, Vorsaal zum Trauungssaal im Erdgeschoss.

Impasse de Bischheim, place Broglie, rue Brûlée, rue des Charpentiers, impasse des Charpentiers, rue de la Comédie, impasse de la Corneille, rue du Dôme (nos impairs), rue des Echasses, impasse des Echasses, rue de l'Ecrevisse, rue du Fil, rue de la Fonderie, petite rue de la Fonderie, rue du Fort, rue des Juifs (nos impairs), impasse des Maçons, rue de la Nuée-Bleue (nos impairs), rue du Parchemin (nos impairs), rue des Récollets, rue de Schiltigheim, quai Schöpflin, rue du Tribunal.

2e Bureau de vote :
École de la Cathédrale,
salle de l'école maternelle, entrée rue Rohan.

2. Wahllokal :
Münsterschule,
Kleinkindersaal, Eingang Schlossgasse.

Place de la Cathédrale, place du Château, rue du Chaudron, rue des Cordiers, rue du Dévidoir, rue du Dôme (nos pairs), impasse du Dôme, rue des Dominicains, rue des Etudiants, place des Etudiants, rue du Fossé-des-Tailleurs, place de la Grande-Boucherie, impasse de la Grande-Boucherie, rue des Grandes-Arcades (nos impairs), place Gutenberg (nos 1 à 6), rue de la Hache, rue des Hallebardes, place du Marché-aux-Cochons-de-Lait, place du Marché-aux-Poissons, place du Marché-Neuf, rue du Maroquin, rue Mercière, rue de la Mésange (nos pairs), rue des Orfèvres, rue de l'Outre, rue Rohan, ruelle Sainte-Marguerite, rue du Sanglier, rue des Tailleurs-de-Pierre, rue du Temple-Neuf, place du Temple-Neuf, impasse du Tiroir, rue du Vieil-Hôpital, rue du Vieux-Marché-aux-Poissons (nos pairs).

3e Bureau de vote :
Lycée de jeunes filles,
1, rue des Pontonniers, salle de gymnastique.

3. Wahlhlokal :
Städt. Höhere Mädchenschule,
Pioniergasse 1, Turnhalle.

Ruelle de l'Abreuvoir, rue de l'Arc-en-Ciel, rue du Bain-aux-Roses, impasse de la Bière, rue du Chapon, rue du Ciel, rue de la Croix, rue des Ecrivains, rue du Faisan, rue des Frères, rue des Juifs (nos pairs), quai Lezay-Marnésia, place du Marché-Gayot, rue du Parchemin (nos pairs), rue de la Pierre-Large, rue des Pierres, impasse des Pierres, rue des Pontonniers, rue des Pucelles, rue de la Râpe, quai au Sable, rue Saint-Etienne, quai Saint-Etienne, place Saint-Etienne, ruelle Saint-Médard, rue des Sœurs, impasse Stoltz, rue du Tonnelet-Rouge, rue des Veaux.

4e Bureau de vote :
Lycée Kléber (Palais),
30, rue du Maréchal-Foch, salle de gymnastique, entrée par la cour.

4. Wahllokal :
Oberrealschule
30, rue du Maréchal-Foch, Turnhalle, Eingang durch den Hof.

Boulevard Clemenceau (nos impairs 1 à 33), rue Drulingen, rue Finkmatt, rue du Fossé-des-Treize (nos pairs), rue du Général-de-Castelnau, rue Graumann, (nos 11 à 17), rue de Haguenau (nos pairs), place de Haguenau (no 13), rue Jacques-Kablé (nos 2 à 20), quai Jacques-Sturm, rue du Maréchal-Foch, rue du Maréchal-Pétain, rue de Neuwiller, rue de Niederbronn, place de la République (nos 1, 2 et 3), rue Saint-Arbogast, rue Saint-Fridolin, rue Saint-Léon, rue Sainte-Odile, rue de Sarreguemines, rue de Vendenheim, avenue des Vosges (nos impairs depuis le no 29 jusqu'à la fin ; nos pairs depuis le no 78 jusqu'à la fin).

5e Bureau de vote :
École Israélite d'Arts et métiers,
14, rue Sellénick, salle de gymnastique.

5. Wahllokal :
Israelitische Gewerbeschule,
14, rue Sellénick, Turnsaal.

Rue de Bitche, rue Charles-Appell, boulevard Clemenceau (nos impairs depuis le no 37 jusqu'à la fin ; nos pairs), rue du Général-Rapp, rue du Haut-Barr, rue Jacques-Kablé depuis le no 40 jusqu'à la fin), rue de Lauterbourg, rue de Phalsbourg, rue Schwendi, rue Sellénick, rue Specklin, avenue des Vosges (nos pairs depuis le no 42 à 76).

6e Bureau de vote :	6. Wahllokal :
Bâtiment des ateliers de la Chambre des métiers,	**Werkstättenbau der Handwerkskammer,**
4, Baldung-Grien, salle no 9.	Baldungstrasse 4, Saal Nr. 9.

Rue Auguste-Lamey, rue Baldung-Grien, rue Ehrmann, rue du Général-Gouraud, rue Joseph-Massol, avenue de la Liberté, rue Louis-Apffel, rue du Maréchal-Joffre, avenue de la Marseillaise, rue Oberlin, avenue de la Paix, rue Pierre-Bucher, place de la République (nos 4, 5, 6 et 7), rue Strauss-Dürckheim, avenue des Vosges (nos pairs 2 à 40 ; nos impairs 1 à 25), rue Wencker.

7e Bureau de vote:	7. Wahllokal:
École Pigier,	**Ecole Pigier,**
6, avenue d'Alsace, salle d'école, au rez-de-chaussée à droite.	Elsässerstrasse 6, Schulsaal, parterre, rechts.

Avenue d'Alsace, place d'Alsace, rue des Arquebusiers, rue Berthe-Riehl, place de Bordeaux, rue Charles-Grad, Contades, rue Dotzinger, quai Edmond-Valentin, rue Edouard-Teutsch, rue Ellenhard, rue Ensingen, rue Ernest-Lauth, rue Erwin, quai Freppel, boulevard Gambetta, rue du Général-Ducrot, rue Gerlach, rue Gustave-Klotz, rue Habrecht, rue Heckler, rue de l'Ile-Sainte-Hélène, boulevard Jacques-Preiss, rue Jean-Hultz, quai Koch, quai Mullenheim, rue Ohmacht, rue Sabine, rue Schwilgué, grand chemin du Spittelgarten, petit chemin du Spittelgarten, rue Turenne, rue Ulberger, rue Wérinhar, quai Zorn.

8e Bureau de vote :	8. Wahllokal :
Bâtiment principal de l'Université,	**Universitäts-Hauptkollegiengebäude,**
salle de séance no 11.	Sitzungssaal Nr. 11.

Rue André-Jung, boulevard d'Anvers (nos impairs 1 à 15 ; nos pairs 2 à 24), rue des Bosquets, rue Chopin, rue Daniel-Hirtz, rue Erckmann-Chatrian, rue Geiler (nos impairs, nos pairs 2 à 16), rue du Général-Uhrich, place Golbéry, rue Gottfried, rue Herder, rue Jacques-Baldé, rue Lenôtre, place Lenôtre, Orangerie, boulevard de l'Orangerie, allée de l'Orangerie Joséphine, boulevard Paul-Déroulède, rue de Reims (nos impairs depuis le no 19 jusqu'à la fin ; nos pairs depuis le no 22 jusqu'à la fin), allée de la Robertsau, quai Rouget-de-l'Isle, rue de la Schiffmatt, rue Schiller, rue Schimper, rue Schumann, rue Schweighäuser, rue Silbermann, allée Spach, petite rue Spach, chemin du Spittelfeld, rue Stœber, boulevard Tauler, rue Trübner, rue Twinger, rue Victor-Nessler, rue Westercamp, rue Wimpfeling, (nos impairs depuis le no 31 jusqu'à la fin; nos pairs depuis le no 36 jusqu'à la fin).

9e Bureau de vote :	9. Wahllokal :
École technique,	**Technische Schule,**
rue Schoch, salle no 57, au rez-de-chaussée, entrée à gauche.	Schochstrasse, Saal Nr. 57, parterre, Eingang links.

Rue de l'Abbé-Hanauer, rue d'Amsterdam, boulevard d'Anvers (nos impairs depuis le no 21 jusqu'à la fin ; nos pairs depuis le no 26 jusqu'à la fin), rue de l'Argonne, rue d'Arras, rue Aubry-et-Rau, rue Bautain, rue Beethoven, rue Bernegger, rue Berlioz, rue du Bon-Pasteur, rue Brahms, rue de Bruges, rue de Bruxelles, rue du Canal-des Français, rue des Casernes, rue Charles-Gerhart, rue du Conseil-des-Quinze, place du Conseil-des-Quinze, rue Ditterlin, rue Edel, rue Eugène-Carrière, avenue de la Forêt-Noire (nos impairs depuis le no 47 jusqu'à la fin, nos pairs depuis le no 44 jusqu'à la fin) ; rue François-Liszt, rue du Général-Conrad, rue Gounod, rue Guérin, rue de la Haye, rue Jean-Jacques-Henner, rue Jean-Jaurès, rue Kant, place de Kehl, rue Kirstein, rue de Lens, rue de Liège, rue Lortzing, rue de Louvain, boulevard de la Marne, rue Martin-Bucer, rue Massenet, rue Mozart, rue de l'Observatoire, rue Pantaléon-Mury, rue de Péronne, rue Pestalozzi, rue Pfeffel, rue Philippe-Grass, rue Richard-Brunck, rue Richard-Wagner, rue de Rotterdam, rue Saint-Georges, rue Saint-Maurice, rue de Saint-Quentin, rue Schoch, rue Schubert, rue de la Somme, cité Spach, rue Stimmer, rue Théodore-Deck, rue Touchemolin, rue Vauban, rue d'Ypres, rue de l'Yser.

10e Bureau de vote :	10. Wahllokal :
Bâtiment principal de l'Université,	**Universitäts-Hauptkollegiengebäude,**
antichambre de la Salle des fêtes au 1er étage.	kleiner Saal der Aula, 1. Stock.

Place Arnold, rue Blessig, rue Fischart, avenue de la Forêt-Noire (nos impairs 1 à 41 nos pairs 2 à 42), rue Geiler (nos pairs depuis le no 18 jusqu'à la fin), rue Gœthe, rue Grandidier, rue Lobstein, quai du Maire Dietrich, rue Murner, rue de Reims (nos impairs 1 à 17 ; nos pairs 2 à 20), place Sébastien-Brant, rue Sleidan, rue de l'Université, place de l'Université, rue de Verdun, boulevard de la Victoire, rue Wimpfeling (nos impairs 1 à 29 ; nos pairs 2 à 34).

11e Bureau de vote : | **11. Wahllokal :**
École de l'Académie, | **Akademieschule,**
salle no 1, entrée rue de l'Académie (aile gauche). | Saal Nr. 1, Eingang Akademiestrasse (linker Flügel).

Rue de l'Abreuvoir, rue de l'Académie, place de l'Académie, rue de l'Arsenal, rue des Bains, rue des Balayeurs, écluse des Capucins, ruelle de la Carpe, Citadelle, allée de la Citadelle, rue de la Citadelle, rue de l'Esplanade, place du Foin, rue Fritz (nos pairs), rue de l'Hôpital-Militaire, impasse du Loup, rue Louvois, impasse de la Lune, rue du Général-Zimmer, rue de la Manufacture-des-Tabacs, rue Montclar, rue Paul-Janet, rue des Pêcheurs, quai des Pêcheurs depuis le no 4 jusqu'à la fin, rue des Planches, allée des Poilus, rue du Quartier-Saint-Nicolas, rue Saint-Guillaume (nos impairs), place Saint-Nicolas, impasse du Soleil.

12e Bureau de vote : | **12. Wahhllokal:**
École Saint-Guillaume, | **St.-Wilhelmersschule,**
salle de l'école maternelle, entrée rue de la Krutenau. | Kleinkindersaal, Eingang Krutenaustrasse.

Rue Adolphe-Wurtz, ruelle du Baquet-à-Poissons, rue du Brochet, impasse de la Bruche, rue Calvin, impasse du Canard, ruelle du Caquet, ruelle des Chanvriers, impasse des Chevaux, impasse des Craquelins, ruelle de l'Etoile, rue des Forges, rue Fritz (nos impairs), rue du Jeu-de-Paume (nos impairs), rue de la Krutenau, rue de la Massue, quai des Pêcheurs (nos 1 à 3), place du Pont-aux-Chats, rue des Poules, ruelle des Ramoneurs, impasse du Renard, rue du Renard-Prêchant, rue Sainte-Catherine, rue Saint-Guillaume, (nos pairs), rue de Zurich, place de Zurich.

13e Bureau de vote : | **13. Wahllokal :**
École moyenne, | **Städtische Mittelschule,**
2, place Sainte-Madeleine, salle de l'école maternelle, parterre. | Sankt Magdalenenplatz 2, Kleinkindersaal im Erdgeschoss.

Quai des Alpes, impasse de l'Ancre, rue d'Austerlitz (nos impairs), petite rue d'Austerlitz, place d'Austerlitz (nos 1 à 7 et 16, 17), rue des Bateliers, quai des Bateliers, impasse des Bateliers, rue de Berne, rue de Bienne, place du Corbeau (nos 1, 2, 3, 6, 7, 8, 9), impasse du Corbeau, rue des Couples, rue du Fossé-des-Orphelins, rue de Genève, impasse du Glaive, impasse Gunther, impasse Hæcker, rue du Jeu-de-Paume (nos pairs), rue du Jura, rue Klein, rue de Lausanne, rue de Lucerne, rue Modeste-Schickelé, rue des Orphelins, place des Orphelins, impasse des Pénitents, impasse du Rateau, rue du Sac, rue Saint-Gotthard, rue Sainte-Madeleine, place Sainte-Madeleine, impasse Sainte-Madeleine, rue de Schaffhouse, rue de Soleure, impasse des Trois-Gâteaux, rue de Vienne (nos impairs), rue des Zouaves.

14e Bureau de vote : | **14. Wahllokal :**
École du Dragon, | **Drachenschule,**
salle de l'école maternelle, entrée rue du Dragon. | Kleinkindersaal, Eingang Drachengasse.

Rue Aloïse-Stoltz, rue d'Austerlitz (nos pairs), place d'Austerlitz (nos 8 à 15), rue des Bœufs, ruelle des Bœufs, impasse du Bouc, rue des Bouchers, rue de la Bourse, place de la Bourse, place du Corbeau no 5, rue de l'Ecarlate, ruelle de la Farine, rue Forget, quai Fustel-de-Coulanges, rue de Grætel, rue du Grunanel, place de l'Hôpital, rue des Jardins, quai Louis-Pasteur, rue d'Or, rue de la Porte-de-l'Hôpital, rue Sainte-Elisabeth (nos pairs), rue Saint-Nicolas, quai Saint-Nicolas (sans nos 1 a, 1 b, et 1 c), impasse Saint-Nicolas, cour Saint-Nicolas, rue Sédillot, rue Sengenwald, rue Spielmann, rue de Vienne (nos pairs).

15e Bureau de vote : | **15. Wahllokal :**
École Saint-Louis, | **St. Ludwigsschule,**
9, quai Finkwiller, salle de l'école maternelle, parterre. | Finkweilerstaden Nr. 9, Kleinkindersaal im Erdgeschoss.

Rue Alfred-Picard, rue du Bain-Finkwiller, rue de la Balance-au Foin, rue Benjamin-Kugler, rue des Botteleurs, impasse des Cornets, ruelle de la Cuiller-à-Pot, rue du Cygne, rue Daubrée, rue Eugène-Bœckel, rue du Dragon, rue Finkwiller, quai Finkwiller, rue des Glacières, rue des Greniers, rue Humann, rue Kirschleger, rue Kœberlé, rue du Magasin-à-Fourrages, rue du Mont-de-Piété, rue des Moulins (nos impairs depuis le no 3 jusqu'à la fin ; nos pairs depuis le no 6 jusqu'à la fin), quai des Moulins, place des Moulins, impasse du Moulin-Zorn, ruelle du Pâtre, quai de la Petite-France, Ponts-Couverts, place des Ponts-Couverts, rue et place du Quartier-Blanc, quai du Rhône-au-Rhin, rue Sainte-Elisabeth (nos impairs), impasse Sainte-Elisabeth, rue Saint-Louis, rue Saint-Marc, quai Saint-Nicolas (nos 1 a, 1 b, 1 c), rue Stenger-Bachmann, quai du Wœrthel.

16e Bureau de vote :
Cercle catholique des jeunes gens Saint-Aloyse,
9, rue du Hohwald, salle de l'école maternelle.

16. Wahllokal :
Kath. Jünglingsverein „Aloysia",
Hohwaldstrasse 9, Kleinkindersaal.

Rue d'Andlau, rue du Ban-de-la-Roche, rue Gustave-Adolphe-Hirn, rue du Hohwald, rue de Kœnigshoffen (n^os^ impairs), rue de La Broque, boulevard de Lyon (n^os^ impairs ; n^os^ pairs 2 à 18), rue de Marlenheim, rue de Molsheim (n^os^ impairs depuis le n° 7 jusqu'à la fin ; n^os^ pairs depuis le n° 18 jusqu'à la fin), rue du Nideck, quai du Port, rue du Rempart au sud de la porte Nationale, rue de Rothau, rue de Saales, rue de Spesbourg, rue d'Urmatt.

---

17 Bureau de vote :
Ecole Saint-Aurélie,
baraque de la cour, entrée 5, place Aurélie.

17. Wahllokal:
St.-Aurelienschule,
Schulbaracke im Hof, Eingang Sankt Aurelienplatz 5.

Quai de l'Abattoir, place de l'Abattoir, rue de Barr, place Blanche, rue du Faubourg-National (n^os^ impairs), impasse des Jardiniers, boulevard de Lyon (n^os^ pairs depuis le n° 20 jusqu'à la fin), rue de Molsheim (n^os^ impairs 1 à 5 ; n^os^ pairs 2 à 16 b), rue de Mutzig, boulevard de Nancy (n^os^ pairs), rue d'Obernai, rue de Rosheim, rue Sainte-Aurélie, place Sainte-Aurélie, impasse Sainte-Aurélie, impasse Sainte-Barbe, rue Sainte-Marguerite, rue de Wasselonne.

18e Bureau de vote :
École Saint-Thomas,
salle de gymnastique à droite, entrée rue de la Monnaie.

18. Wahllokal :
St.-Thomasschule,
Turnhalle rechts, Eingang Münzgasse.

Rue Adolphe-Seyboth, rue de l'Aimant, rue du Bain-aux-Plantes, impasse du Bain-aux-Plantes, place Benjamin-Zix, rue du Bouclier (n^os^ impairs), quai de la Bruche, rue des Cheveux, rue du Coq, rue des Dentelles, petite rue des Dentelles, impasse des Dentelles, rue Escarpée, rue du Fossé-des-Tanneurs (n^os^ impairs 61 et 63 ; n^os^ pairs depuis le n° 42 jusqu'à la fin), Grand'rue (n^os^ pairs 2 à 116), rue des Lentilles, impasse de la Mauve, rue des Meuniers, rue des Moulins (n°s 1, 2 et 4) impasse des Orfèvres, rue du Pont-Saint-Martin (n^os^ impairs), impasse des Roses, quai Turckheim.

19e Bureau de vote :
École Saint-Thomas,
salle de l'école maternelle, n° 1, à gauche, entrée rue de la Monnaie.

19. Wahllokal:
St.-Thomasschule,
Kleinkindersaal Nr. 1 links, Eingang Münzgasse.

Ruelle de l'Agneau, rue de l'Ail, rue de l'Arbre-Vert, rue du Bateau, rue du Bouclier (n^os^ pairs), rue de la Chaîne, rue des Cordonniers, rue de la Douane, rue de l'Écurie, rue de l'Epine, ruelle de l'Esprit, rue de l'Etal, ruelle du Fumier, Grand'rue (n^os^ pairs depuis le n° 118 jusqu'à la fin), place Gutenberg (n°s 7 à 12), rue des Hannetons, rue Jean-Sturm, rue de la Lie, rue du Miroir, rue de la Monnaie, impasse du Paon, ruelle du Pied-de-Bœuf, rue du Pont-Saint-Martin (n^os^ pairs), rue du Poumon, rue du Puits, rue Saint-Thomas, quai Saint-Thomas, place Saint-Thomas, rue Salzmann, rue des Serruriers, rue des Tonneliers, rue des Tripiers, rue du Vieux-Marché-aux-Poissons (n^os^ impairs).

20e Bureau de vote :
Grande salle de l'Aubette,
entrée place Kléber.

20. Wahllokal :
Grosser Aubettesaal,
Eingang Kleberplatz.

Cour de l'Aubette, rue des Chandelles, rue du Coin-Brûlé, impasse de la Cuiller-à-Pot, rue de la Demi-Lune, rue des Drapiers, rue du Fossé-des-Tanneurs (n^os^ impairs 1 à 59), rue des Francs-Bourgeois, rue Frédéric-Piton, rue des Grandes-Arcades (n^os^ pairs), Grand'rue (n^os^ impairs depuis le n° 69 jusqu'à la fin), rue de la Grange, rue de la Haute-Montée (n^os^ pairs), place de l'Homme-de-Fer (n°s 1 à 5), place Kléber, rue de la Lanterne, rue du 22-Novembre (n^os^ impairs depuis le n° 21 jusqu'à la fin ; n^os^ pairs depuis le n° 26 jusqu'à la fin), ruelle des Pelletiers, rue Sainte-Barbe, rue Sainte-Hélène, rue du Saumon, rue du Savon, rue des Sept-Hommes, rue du Vieux-Marché-aux-Grains, ru du Vieux-Seigle.

21e Bureau de vote :
Lycée Kléber (Saint-Jean),
Salle de chant no 21,
entrée quai St-Jean.

21. Wahllokal:
Oberrealschule bei St.-Johann,
Saal Nr. 21, Singsaal, Eingang
St. Johannesstaden.

Rue de l'Argile, rue des Aveugles, impasse des Ciseaux, quai Desaix, rue du Fossé-des-Tanneurs (nos pairs 2 à 40), Grand'rue (nos impairs 1 à 67), rue Gustave-Doré, rue Hannong, place de l'Homme-de-Fer (nos 6 et 7), impasse du Houblon, impasse du Jardin-aux-Roses, rue du Jeu-des-Enfants, place du Jeu-des-Enfants, impasse du Jeu-des-Enfants, rue du Marché, rue du 22-Novembre (nos pairs 2 à 24 ; nos impairs 1 à 19), rue du Noyer (nos pairs), quai de Paris, place Saint-Pierre-le-Vieux, rue Thomann (nos impairs 1 à 7 ; nos pairs 2 à 12), rue du Vieux-Marché-aux-Vins, petite rue du Vieux-Marché-aux-Vins, place du Vieux-Marché-aux-Vins, rue de la Viguette.

22e Bureau de vote:
École Sainte-Aurélie,
salle des garçons au rez-de-chaussée, rue Ste-Aurélie,
entrée par la cour.

22. Wahllokal:
St.-Aurelienschule,
Knabensaal im Erdgeschoss, St. Aureliengasse, Eingang durch den Hof.

Rue de la Course, petite rue de la Course, rue Déserte, rue du Faubourg-National (nos pairs), place de la Gare (nos 1 à 9 et 17 à 22), rue de Kœnigshoffen (nos pairs), rue du Maire-Küss, (nos impairs), boulevard de Metz, boulevard de Nancy (nos impairs), rue des Païens, boulevard du Président-Wilson (no 1 et 1 a), rue du Rempart au nord de la porte Nationale, quai Saint-Jean (nos 1 à 6).

23e Bureau de vote :
École primaire Saint-Jean,
salle de l'école maternelle, entrée rue Kageneck.

23. Wahllokal :
Volksschule St.-Johann,
Kleinkindersaal, Eingang Kageneckerstrasse.

Rue du Faubourg de Saverne (nos impairs 1 à 45 ; nos pairs 2 à 62), rue du Feu, place de la Gare (nos 10 à 16), rue Kageneck, quai Kléber no 1, rue Kuhn, rue du Maire-Küss (nos pairs), rue du Marais-Kageneck, rue du Marais-Vert (nos impairs), rue Moll, rue de Pâques, boulevard du Président-Wilson (nos pairs 2 à 26), quai Saint-Jean (nos 7 à 14), impasse du Saule, rue Thiergarten.

24e Bureau de vote:
Halle du Marché au quai Kléber,
salle de la Bourse dans la rue des Halles.

24. Wahllokal :
Markthalle am Kleberstaden,
Börsensaal an der Hausbergerstrasse.

Rue Adèle-Riton, rue de Bischwiller, rue des Bonnes-Gens, impasse des Bonnes-Gens, rue de Bouxwiller, rue du Chevreuil, rue des Cigognes, rue Clément, place Clément, rue du Faubourg-de-Saverne (nos pairs depuis le no 64 jusqu'à 76, bâtiment de la grande vitesse et maison des douanes), rue Friesé, rue de Haguenau (nos impairs), place de Haguenau (nos 1 à 9), rue des Halles, quai Kléber (depuis le no 2 jusqu'à la fin), rue des Magasins, petite rue des Magasins, rue du Marais-Vert (nos pairs), rue des Mineurs, place de Pierre, boulevard du Président-Wilson (nos pairs depuis le no 34 jusqu'à la fin ; nos impairs depuis le no 5 jusqu'à la fin), rue du Rempart de la porte de guerre jusqu'à la rue Adèle-Riton, rue de Sarrebourg, rue de Sébastopol, rue de la Toussaint, rue de Wissembourg.

25e Bureau de vote :
École Schœpflin,
6, quai Schœpflin, salle de l'école maternelle no 8,
entrée B.

25. Wahllokal :
Schöpflinschule,
Schöpflinstaden 6, Kleinkindersaal Nr. 8,
Eingang B.

Rue de l'Eglise, petite rue de l'Eglise, rue du Faubourg de Pierre, quai Finkmatt, rue du Fossé-des-Treize (nos impairs), rue Gloxin, rue Graumann (nos 1 à 10), rue de la Haute-Montée (nos impairs), quai Kellermann, impasse du Louveteau, impasse de Mai, rue Marbach, impasse Marbach, rue de la Mésange (nos impairs), rue du Noyer (nos impairs), rue de la Nuée-Bleue (nos pairs), impasse de la Pie, rue du Roitelet, rue Saint-Pierre-le-Jeune, place Saint-Pierre-le-Jeune, rue Thomann (nos pairs depuis le no 14 jusqu'à la fin ; nos impairs depuis le no 9 jusqu'à la fin), impasse Thomann, rue de la Trompette.

26e **Bureau de vote :**
École primaire,
rue Bœcklin, salle de l'école maternelle à droite, entrée latérale.

26. **Wahllokal :**
Elementarschule,
Böcklinstrasse, Kleinkindersaal rechts, Seiteneingang.

Rue de l'Abbé-Muhe, rue de l'Afrique, rue de l'Ammeistre, rue de l'Aubépine, sentier de l'Aubépine, rue Auguste-Kern, rue des Baillis, chemin du Beulenwœrth, rue Bœcklin, sentier de la Bosse, rue des Bougies, rue des Burgraves, rue du Capitaine-Fiegenschuh, rue de la Carpe-Haute, rue Charles-de-Foucault, rue du Chevalier-Robert, rue de la Cigale, rue du Commandant-Reibel, chemin du Dœrnelbruck, rue de Drusenheim, rue des Fleurs, rue de la Fourmi, rue de Gambsheim, allée Gilbert-Muller, chemin Gœb, sentier Goujon, sentier du Grossgut, rue de Herlisheim, rue du Herrenstein, rue Himmerich, quai Jacoutot, rue des Jardiniers, rue Jeanne-d'Arc, allée Kastner, rue de Kilstett, rue Lamasse, rue du Moulin-Kœssler, rue du Neuziel, rue de l'Œillet, rue d'Offendorf, rue du Petersgarten, rue Principale (nos impairs 1 à 91 ; nos pairs 2 à 50), rue de Reichstett, rue Ripelin, rue de Rœschwoog, rue Schott, rue de Seltz, rue de Sesenheim, rue Silberath, rue de Soufflenheim, rue du Stettmeistre, rue de la Tanche, rue Toreau, rue des Tulipes, route de la Wancenau, (nos impairs 1 à 23 ; nos pairs 2 à 18 b), allée Zœpfel.

27e **Bureau de vote :**
École primaire,
rue Bœcklin, salle de l'école maternelle à gauche, entrée latérale.

27. **Wahllokal :**
Elementarschule,
Böcklinstrasse, Kleinkindersaal links, Seiteneingang.

Rue de l'Angle, chemin de l'Anguille, sentier du Belzwœrth, rue Chamisso, route des Chasseurs, sentier Christ, rue Claude, rue David-Richard, rue du Docteur-François, rue du Docteur-Wœhrlin, rue de la Fabrique, rue Frédéric-Riff, chemin du Gollenfeld, chemin du Grand-Belzwœrth, chemin Hechner, rue Hirtzel, rue de Hochfelden, chemin de l'Ill, chemin du Jungerngut, rue Kempf, sentier Kempf, rue Lenau, rue des Maraîchers, rue Mélanie, rue du Milieu, rue du Miracle, rue de la Mittelau, rue du Parc, sentier du Plan, rue des Peupliers, place des Peupliers, chemin de la Prairie, rue Principale (nos pairs depuis le no 52 jusqu'à la fin ; nos impairs depuis le no 93 jusqu'à la fin), rue Redslob, digue du Rhin, chemin du Rohrwœrth, rue de la Roue, rue Saint-Fiacre, rue des Saules, rue des Spahis, rue des Tilleuls, petite rue des Tilleuls, chemin des Violettes, route de la Wancenau (nos pairs depuis le no 20 jusqu'à la fin ; nos impairs depuis le no 25 jusqu'à la fin), vieille route de la Wancenau.

28e **Bureau de vote :**
Tivoli,
bâtiment du Restaurant.

28. **Wahllokal :**
Tivoli,
Restaurationsgebäude.

Rue Andrieux, quai du Chanoine Winterer, rue de l'Ile-Jars, rue Jean-Jacques-Rousseau, allée des Soupirs, avenue Schützenberger, rue Théophile-Schuler, rue du Tivoli, rue Voltaire, rue du Wacken.

29e **Bureau de vote :**
École de la Ziegelau,
1, rue de la Ziegelau, salle de l'école maternelle, dans le bâtiment du milieu.

29. **Wahllokal :**
Ziegelauschule,
Ziegelaustrasse 1, Kleinkindersaal im Mittelgebäude.

Rue de l'Ancienne Ecole, rue d'Auburc, rue de Bâle (nos impairs depuis le no 105 jusqu'à la fin ; nos pairs depuis le no 104 jusqu'à la fin), rue de Benfeld, rue de la Chapelle, chemin du Cheval, rue de Cernay, rue d'Ebersheim, rue de l'Ecole, rue de la Grossau (nos impairs depuis le no 43 jusqu'à la fin ; nos pairs depuis le no 44 jusqu'à la fin), rue Haute, rue de Kaysersberg, rue de Kienzheim, rue de Lapoutroye, rue de Matzenheim, rue d'Osthausen, rue de Plobsheim, route du Polygone (nos impairs depuis le no 113 jusqu'à la fin), rue de Rhinau, rue de Ribeauvillé, rue de Riquewihr, rue de Rouffach, rue de Sainte-Hippolyte, rue de Sélestat, rue de Sigolsheim, rue Traversière, rue de la Wancelle, rue de la Ziegelau (nos impairs 1 à 63 ; nos pairs 2 à 66), sentier de la Ziegelau, rue du Ziegelfeld.

30e **Bureau de vote :**
École de la Ziegelau,
1, rue de la Ziegelau, salle no 20 dans l'aile de l'école des filles.

30. **Wahllokal :**
Ziegelauschule,
Ziegelaustrasse 1, Saal 20 im Mädchenflügel.

Rue Baldner, rue de Bâle (nos impairs 1 à 103 ; nos pairs 2 à 102), rue de Bourtzwiller rue du Bubenwasser, rue du Communal, rue d'Eschau, chemin Fix, chemin Frédéric, rue de Geispolsheim, rue de la Grossau (nos pairs 2 à 42 ; nos impairs 1 à 41), route du Polygone (nos

impairs 1 à 109), rue de Rathsamhausen, chemin des Roses, rue Sainte-Agnès, rue Saint-Aloyse. rue Saint-Ludan, rue de Sainte-Marie-aux-Mines, rue de Scherwiller, rue du Schurmfeld, rue de Thann, rue du Wighäusel.

31e Bureau de vote :	31. Wahllokal:
Nouvelle École de la Musau,	**Neue Musauschule,**
70, rue St-Aloyse, salle de l'école maternelle n° 1.	Aloysiusstrasse 70, Kleinkindersaal Nr. 1.

Rue d'Altkirch, port d'Austerlitz, rue du Ballon, rue du Banc, rue du Bassin-du-Commerce, rue du Bassin-de-l'Industrie, rue du Bergheim, rue de Bilstein, rue de Brisach, rue du Bruckhof, rue des Carmes, rue Champêtre, rue du Chanoine-Straub, rue des Chantiers, rue de la Coopérative, rue Coulaux, rue de Dambach, rue d'Ensisheim, rue d'Epfig, rue de Fegersheim, chemin des Forgerons, rue du Fossé-Riepberg, chemin Fried, rue de Guebwiller, rue de Huningue, route de l'Ile-des-Epis, rue Kenzinger, rue Kratz, rue de la Kurbau, rue de Landsberg, rue de Liepvre, rue Mariano, chemin Martin, rue de la Ménagerie, rue de Metzeral, rue Migneret, rue de la Minoterie, Musau, (sans n° 84), allée de la Musau, allée des Platanes, rue du Port-du-Rhin, rue de la Porte de la Citadelle, rue de la Porte de Kehl, route du Rhin, (sans n°s 2, 2 a, 2 b et 2 c), rue de Saint-Amarin, rue de Saint-Hubert, rue Saint-Urbain, rue de Soultz, rue de Stosswihr, rue de Villé, rue de Wesserling, rue de la Ziegelau (n^os^ pairs depuis le n° 68 jusqu'à la fin ; n^os^ impairs depuis le n° 65 jusqu'à la fin), rue Zink.

32e Bureau de vote :	32. Wahllokal :
École du Schluthfeld,	**Schluthfeldschule,**
62, rue de St-Dié, salle de l'école maternelle à gauche.	Schluthfeldstrasse 62, Kleinkindersaal, links.

Rue des Aunes, rue du Ban-de-Sapt, rue de Belfort, rue des Bouleaux, rue du Charron, rue des Châtaigniers, rue du Chêne, route de Colmar (n^os^ impairs 1 à 139 ; n^os^ pairs 2 à 144), rue du Coudrier, rue des Erables, rue d'Erstein, rue des Frênes, rue de Gerstheim, rue du Grand-Couronné, chemin du Heyritz, route de l'Hôpital, rue Jean-Georges-Stuber, rue des Lys, rue de Lunéville, rue de Mai, rue de Nomény, chemin de la Palissade, route du Polygone (n^os^ pair, 2 à 46), rue des Prés, rue de Saint-Dié, rue des Sapinettes, rue Schachenweg, rue de la Schwanau, rue de la Scierie, rue de la Thumenau.

33e Bureau de vote :	33. Wahllokal :
Baraque d'école à la Hohwart,	**Schulbaracke Hohwart,**

Rue Adam-Strobel, rue de la Canardière, rue Charles-Schmidt, route de Colmar (n^os^ pairs depuis le n° 150 jusqu'à la fin ; n^os^ impairs depuis le n° 141 jusqu'à la fin), rue du Colonel-Fiévet, rue du Doubs, rue Edouard-Schuré, rue Engelhardt, rue de l'Extenwœrth, route de la Fédération, chemin de la Fédération, rue du Général-Offenstein, rue Henri-Heine, chemin de la Hohwart, rue Imlin, rue Jean-Macé, place Jean-Macé, rue Job, rue Lafayette, rue Levrault, place Levrault, rue Livio, rue du Maréchal-Lefèbre, rue de Marseille, rue Mayno, rue de la Meinau, rue de la Plaine, rue du Pont-Schuhansen (n°s 10 et 12), rue Saglio, rue Schertz.

34e Bureau de vote :	34. Wahllokal :
École du Neufeld,	**Neufeldschule,**
rue du Neufeld, salle de l'école maternelle n° 3.	Neufeldstrasse, Kleinkindersaal Nr. 3.

Rue de la Charité, rue des Cottages, rue de la Couronne, rue de Dannemarie, rue de Dornach, rue de l'Epervier, rue Eugénie, rue de la Gravière, rue du Héron, rue Joseph-Guerber, rue Jules-Rathgeber, rue du Landskron, rue du Lazaret, avenue Léon-Dacheux, rue de Mulhouse, rue du Neufeld, route du Polygone (n^os^ pairs depuis le n° 48 jusqu'à la fin), route du Rhin (n°s 2, 2 a, 2 b et 2 c), rue du Rhin-Tortu, rue du Ruisseau, rue Sainte-Anne, rue Sainte-Cécile, rue Saint-Erhard, rue Saint-Materne, rue Sainte-Thérèse, rue Simonis, rue de Soulzmatt, rue du Sundgau, chemin du Tabac, rue du Tænnichel, rue des Vanneaux.

35e Bureau de vote :	35. Wahllokal :
École protestante du Neuhof,	**Prot. Schule, Neuhof,**
34, route d'Altenheim, salle de l'école maternelle.	Altenheimerstrasse 34, Kleinkindersaal.

Rue des Alouettes, route d'Altenheim, Altenheimerhof, rue Anguleuse, rue de la Breitlach, rue des Canoniers, rue du Coucou, chemin du Croissillon, chemin de Dalis, allée David-Goldschmidt, chemin des Etourneaux, chemin Forestier, chemin de la Ganzau, chemin Glaubitz,

5. Suffrages obtenus par les 45 candidats présentés par les 5 partis politiques. — 5. Verteilung der Stimmen auf die 45 von den 5 politischen Parteien aufgestellten Kandidaten.

Bureau de vote	N°	Électeurs inscrits	Votants	Suffrages exprimés	Parti Socialiste S. F. I. O.	Parti Communiste	Bloc Républicain National	Comité Républicain National	Parti Radical et Union Républicaine
Strasbourg-Ville		30 095	31 034	31 535	11 081 · 11 037 · 10 787 · 10 404 · 9 610 · 9 385 · 9 817 · 9 887 · 9 650	6 183 · 6 225 · 6 196 · 5 958 · 6 057 · 6 060 · 5 023 · 5 917 · 5 951	9 244 · 8 976 · 8 456 · 8 964 · 8 999 · 8 953 · 9 491 · 8 917 · 8 592	2 950 · 2 690 · 2 791 · 2 507 · 2 190 · 2 250 · 2 108 · 2 009 · 2 226	3 071 · 3 262 · 4 175 · 2 862 · 3 609 · 3 467 · 2 948 · 3 438 · 3 260
					91 433	54 720	89 688	25 311	30 710
Bas-Rhin		176 404	149 696	147 953	41 150 · 39 409 · 37 764 · 37 979 · 36 689 · 36 493 · 37 470 · 37 064 · 36 730	21 185 · 20 959 · 21 335 · 20 747 · 20 714 · 20 736 · 20 579 · 20 464 · 20 620	68 150 · 55 062 · 65 250 · 65 640 · 66 343 · 64 030 · 66 300 · 64 900 · 64 475	7 495 · 6 686 · 6 900 · 6 636 · 6 768 · 6 166 · 6 442 · 6 018 · 5 888	15 189 · 16 736 · 17 717 · 15 075 · 17 932 · 16 073 · 14 811 · 15 817 · 16 266
					342 478 — Moyenne : 37 831	187 330 — Moyenne : 20 814	587 950 — Moyenne : 65 328	59 038 — Moyenne : 6 558	144 292 — Moyenne : 16 032

Résultats définitifs du recensement général proclamés par la commission instituée auprès du Tribunal Civil. — Endresultate die durch die Gerichtskommission des Bezirksgerichts proklamiert wurden.

Majorité absolue : [illegible]
Absolute Mehrheit

Quotient : 16.440

Ont été élus par le quotient :

MM. Altorffer : 66.780 — Walter : 66.[illegible] — Oberkirch : 66.340 — [illegible] : [illegible] — Weill Georges : 39.409 — Peirotes : [illegible]

Sièges attribués à la plus forte moyenne, soit à la Liste du Bloc National :

[illegible] : [illegible] — Walter : 65.[illegible] — Frey : 65.[illegible]

rue de la Griesmatt, rue des Grives, rue Gustave-Lévy, chemin des Hirondelles, chemin des Jésuites, rue Kampmann, chemin Kiefer, chemin de la Klebsau, rue de Lichtenberg, route de la Lisière, chemin des Merles, Musau nº 84, Oberjägerhof, rue Parallèle, rue du Pont-Schuhansen nº 4, chemin de la Redoute, allée Reuss, chemin Riehl, petite route du Rohrschollen, rue du Rossignol, rue Saint-Ignace, chemin du Schulzenfeld, rue des Serins, rue du Stockfeld, chemin du Wickenfeld, rue Welsch.

36e **Bureau de vote :**
Ancienne école protestante de Kœnigshoffen,
61, route des Romains, salle de l'école maternelle à droite.

36. **Wahllokal :**
Alte evangel. Schule, Kœnigshoffen,
Römerstrasse 61, Kleinkindersaal rechts.

Rue André-Ræs, rue des Capucins, rue de la Chartreuse, avenue du Cimetière, rue du Donon, rue Hans, rue de la VIIIe Légion, chemin du Marais-Saint-Gall, ruelle des Meules, chemin du Raccourci, route des Romains (nos impairs) rue du Schneeberg, chemin du Schnockeloch (nos 2, 4 et 101), rue de la Tour.

37e **Bureau de vote :**
Nouvelle école, Kœnigshoffen,
derrière l'église catholique de Kœnigshoffen, salle de gymnastique.

37. **Wahllokal :**
Kœnigshoffen, Neue Schule,
Hinter der kath. Kirche, Turnhalle.

Rue des Abeilles, rue Adalbert, rue des Brasseurs, rue des Chargeurs, rue de la Charmille, petite rue des Chartreux, rue du Chemin-de-Fer, rue des Comtes, chemin du Cuivre, chemin de l'Elsterrain, chemin de l'Engelbreit, rue de la Gare-aux-Marchandises, rue Gerlinde, rue de Geroldseck, chemin des Glacis, chemin des Halbenhöffen, rue Kurnagel, chemin Long, rue Lothaire, rue des Malteurs, route des Romains (nos pairs), rue Saint-Bruno, place Saint-Joseph, rue Spender, chemin Spender, rue du Tournant, Vieux-Chemin.

38e **Bureau de vote :**
Ancienne école catholique de Cronenbourg,
rue Neuve, salle de l'école maternelle nº 6, au rez-de-chaussée.

38. **Wahllokal :**
Cronenbourg, Alte kath. Schule,
Neugasse, Kleinkindersaal Nr. 6, im Erdgeschoss.

Rue de l'Anneau, route de Brumath, chemin Burger, chemin des Champs, rue de la Charrue, rue de Dalheim, rue des Enfants, chemin Haut, rue Heidenberg, rue du Kochersberg, rue de la Libération, rue de la Licorne, route de Mittelhausbergen (nos impairs 1 à 93 ; nos pairs 2 à 98), rue Neuve, route d'Oberhausbergen (nos pairs 2 à 52), rue des Ormes, rue des Pinsons, rue des Renards, rue Rettig, rue de Romanswiller, rue du Rosslauf, rue Roth, rue de la Rotonde, rue du Sable, rue Saint-Florent, place Saint-Florent, rue de Wangenbourg.

39e **Bureau de vote :**
Ecole protestante de garçons de Cronenbourg,
49, route de Mittelhausbergen, salle de l'école maternelle, au rez-de-chaussée.

39. **Wahllokal :**
Cronenbourg, prot. Knabenschule,
Mittelhausbergerstrasse 49, Kleinkindersaal im Erdgeschoss.

Rue Bastian, rue du Bastion, chemin des Bornes, rue du Cerf, rue du Faucon, rue du Gazon, chemin Grimling, rue Inférieure, rue Jacob, rue du Kronthal, route de Mittelhausbergen (nos impairs depuis le nº 95 jusqu'à la fin ; nos pairs depuis le nº 100 jusqu'à la fin), rue de la Mossig, route d'Oberhausbergen (nos impairs ; nos pairs depuis le nº 54 jusqu'à la fin), rue des Pigeons, rue des Pois, chemin du Rieth.

40e **Bureau de vote :**
École du Gliesberg,
salle de l'école maternelle.

40. **Wahllokal :**
Gliesbergschule,
Kleinkindersaal.

Rue d'Altorf, quai du Canal-de-la-Bruche, rue de Dachstein, rue de la Flassmatt, rue des Foulons, chemin du Gliesberg, rue de Haslach, chemin du Kammerfeld, rue des Mérovingiens, chemin de la Montagne-Verte, Murhof, chemin de l'Oberelsau, rue d'Ostwald, rue du Petit-Marais, rue de la Rivière, rue du Rœthig, route de Schirmeck, chemin du Schnockeloch (nos 115, 117, 119 et 121), rue de l'Unterelsau.

6° Diagrammes de la répartition des suffrages exprimés suivant les partis politiques en 1919 et en 1924.

6° Graphische Darstellungen der Stimmenverteilung nach politischen Parteien bei den Kammerwahlen 1919 und 1924.

(Les chiffres indiquent le pourcentage des voix obtenues par chaque parti.)
(Die Ziffern geben den Prozentsatz der von jeder Partei erhaltenen Stimmen an.)

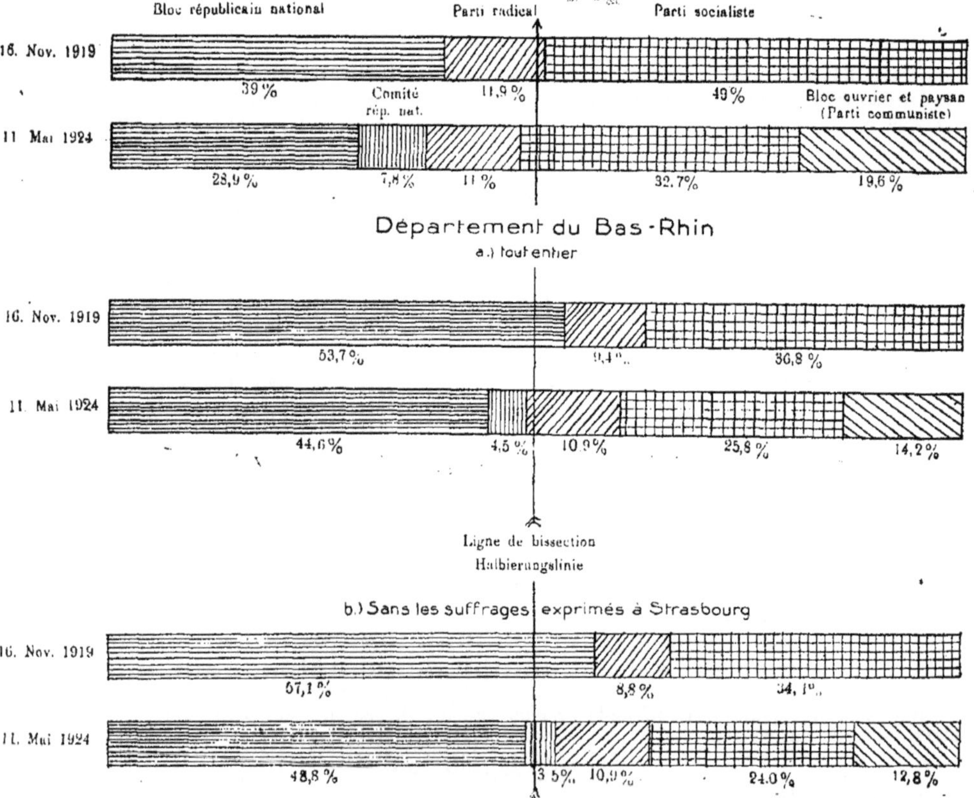

Les différents Quartiers de la Ville de Strasbourg. — Die Stadtteile Strassburgs.

1. Ville intra muros. — Innenstadt.

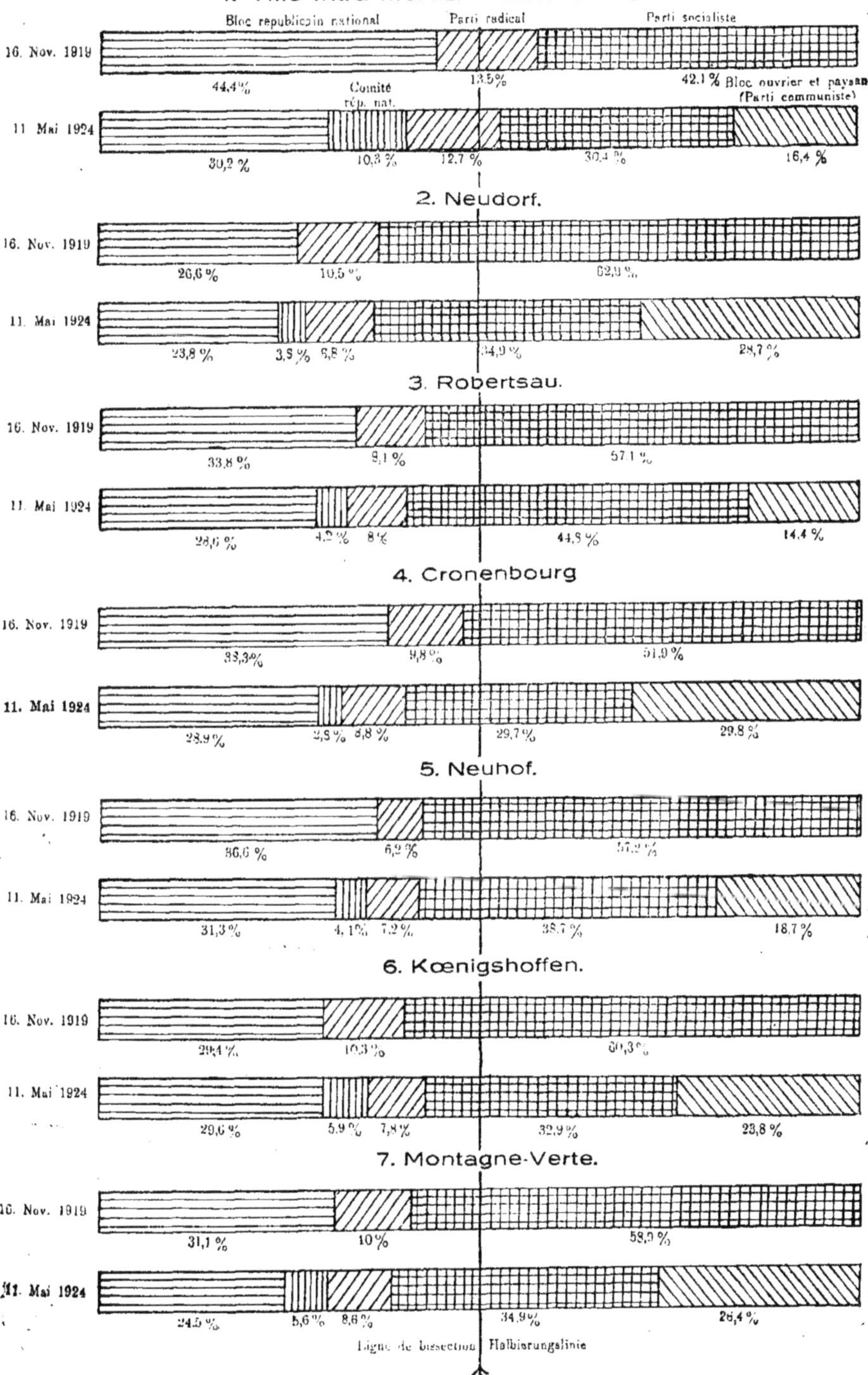

7. Résultats des élections législatives du 11 mai 1924
7. Ergebnisse der Kammerwahlen vom 11. Mai 1924.

a) Dans le département du Bas-Rhin

a) In dem Département du Bas-Rhin

(D'après le rapport remis à la présidence de la Chambre et inséré au Journal Officiel du 3 juin 1914, Déb. parl., page 2239, pour l'examen des pouvoirs, par M. le député Barillet.)

Nombre des députés à élire : 9.
Zahl der zu wählenden Abgeordneten

Électeurs inscrits 176.464, dont le tiers est de 58.821.
Eingeschriebene Wähler hiervon ein Drittel

Nombre des votants: 149.824.
Zahl der Stimmzettel

Bulletins blancs ou nuls à déduire : 1.861.
Weisse oder ungültige Stimmzettel, die abzuziehen sind

Suffrages exprimés : 147.963, dont la majorité absolue est de 73.982.
Gültige Stimmzettel die absolute Mehrheit hiervon ist

Quotient électoral : 16.440.
Wahlquotient

Aucun candidat n'ayant obtenu la majorité absolue, les sièges ont été attribués au quotient et à la plus forte moyenne.
Da kein Kandidat die absolute Mehrheit erreichte, wurden die Sitze nach dem Quotienten und dem stärksten Durchschnitt zuerteilt.

1° Attribution au quotient (16 440) :

Zuteilung nach dem Quotienten

Le chiffre moyen des suffrages recueillis par les listes en présence s'élevant à
Da die mittleren Ziffern der auf die einzelnen Listen entfallenen Stimmen sich wie folgt verteilen :

Liste du parti socialiste : 37.831.
Liste des

» » bloc ouvrier et paysan (parti communiste) : 20.815.

» » bloc républicain national: 65.328.

» » comité républicain national : 6.536.

» » parti radical et d'union républicaine : 16.022.

il a été attribué:
wurden zuerteilt :

3 sièges à la liste du bloc républicain national ;
Sitze der Liste des Bloc républicain national;

2 sièges à la liste du parti socialiste ;
Sitze der Liste des Parti socialiste ;

1 siège à la liste du bloc ouvrier et paysan (parti communiste).
Sitz der Liste des Bloc ouvrier et paysan (Parti communiste).

MM. Altorffer, Michel Walter, Oberkirch, Peirotes, Georges Weill, Charles Hueber ont été proclamés.
wurden proklamiert.

2° Attribution à la plus forte moyenne :

Zuteilung nach dem stärksten Durchschnitt

Les 3 sièges restant à répartir ont été attribués à la liste du bloc républicain national,
Die 3 übrigen Sitze wurden der Liste des Bloc républicain national, welche den stärksten Durchschnitt aufwies, zuerkannt.
qui présente la plus forte moyenne : MM. Thomas Seltz, Muller et Charles Frey ont été proclamés.
wurden proklamiert.

Le Bloc républicain national a recueilli 44,6 % des suffrages (contre 53,7 % en 1919).
Der Bloc républicain national hat 44,6 % der Stimmen auf sich vereinigt (gegen 53,7 % im Jahre 1919).

b) Département du Haut-Rhin

(Rapport Lefas, Journal Officiel du 4 Juin 1924, page 2240)

Nombre des députés à élire : 7
Zahl der zu wählenden Députés.

Électeurs inscrits : 134.986, dont le tiers est de 43.995
Eingeschriebene Wähler wovon ein Drittel.

Nombre des votants : 113.830
Wählende

Bulletins blancs ou nuls à déduire : 1.923
Weisse oder ungültige Zettel

Suffrages exprimés : 111.907, dont la majorité absolue est de 55.954.

MM. Pfleger	59.623 voix		Paul Jourdain	59.066 »
Brom	59.578 »		Bilger	59.051 »
Scheer	59.370 »		Silbermann	57.099 »
Burger	59.235 »			

Tous élus à la majorité absolue des suffrages exprimés.
gewählt mit absoluter Stimmenmehrheit.

Cette liste a réunie 413.022 suffrages.
Diese Liste erhielt Stimmen.

Total des 3 listes opposées 363.236 suffrages, soit une différence de près de 50.000 voix entre la liste élue et le total des 3 listes adverses.

Total der 3 Gegnerlisten : 363.236 Stimmen, d. h ein Unterschied von etwa 50.000 Stimmen zwischen der gewählten Liste und der Gesamtzahl der 3 gegnerischen Listen.

c) *Département de la Moselle*

(Rapport Labes, Journal Officiel du 4 Juin 1924, page 2248 et du 6 Juin 1924, page 2259)

Nombre de députés à élire : 8.
Zahl der zu wählenden Abgeordneten

Électeurs inscrits : 137.994, dont le tiers est de 45.998.
Eingeschr ebene Wähler wovon ein Drittel

Nombre de votants : 114.880.
Zahl der Wählenden.

Bulletins blancs et nuls à déduire : 1.446.
Weisse oder ungültige Stimmzettel.

Suffrages exprimés: 113.434, dont la majorité absolue est de 56.718.
Gültige Stimmen wovon die absolute Mehrheit

MM. R. Schuman	59.180 voix Stimmen	Louis	57.305 voix Stimmen
R. Sérot	58.761 »	Ch. François	57.284 »
Paqué	57.464 »	L. Meyer	57.141 »
Moncelle	57.405 »	Guy de Wendel	56.423 »

Les 7 premiers candidats ont été élus à la majorité absolue (56.718) ; le 8e a été élu « à la plus forte moyenne ».

Die ersten sieben Kandidaten wurden auf Grund der absoluten Mehrheit (56.718) gewählt, der achte auf Grund des « stärksten Durchschnitts ».

La liste élue du Bloc républicain national a réuni en moyenne 57.620 voix, soit 50,8 % des suffrages exprimés (113.434).

Die gewählte Liste des Bloc républicain national hat im Mittel 57 620 Stimmen, d. h. 50,8 % der abgegebenen Stimmzettel (113 434) erhalten.

D'après les rapports officiels ci-dessus le Bloc républicain national a recueilli:
Nach den obigen amtlichen Berichten erhielt der Bloc républicain national

dans le département	du Bas-Rhin	44,6 %	des suffrages,
» » »	du Haut-Rhin	53,2 %	» »
» » »	de la Moselle	50,8 %	» »

Le Bloc républicain national a donc obtenu à peu près 49,5 % des suffrages dans les 3 départements recouvrés.

Der Bloc républicain national hat sonach etwa 49,5 % der Stimmen in den 3 wiedergewonnenen Departements erhalten.

8° Le panachage aux élections législatives du 11 mai 1924.

8. Das « Panachieren » bei den Kammerwahlen vom 11. Mai 1924.

Aux élections législatives du 11 mai 1924 les électeurs se sont assez servis du droit de panachage qui consiste à rayer un ou plusieurs candidats d'une liste et à les remplacer par des candidats d'une autre liste, ainsi qu'il ressort des chiffres du tableau synoptique ci-après. Si l'on pose le chiffre du candidat de chaque liste qui a obtenu le plus de voix égal à cent, le droit de panachage par l'ensemble des électeurs a donné les résultats suivants pour les autres candidats de cette liste (une détermination plus exacte de ces derniers est impossible, les bulletins panachés et non panachés n'ayant pas été recensés d'une manière spéciale):

L'ordre des candidats est celui des bulletins mis à la disposition des électeurs par les partis politiques.

Die Wähler haben bei den Kammerwahlen vom 11. Mai 1924 von dem Recht des « Panachierens », d. h. der Streichung von Kandidaten einer Liste und deren Ersetzung durch Kandidaten einer anderen Liste usw. ziemlich Gebrauch gemacht, wie das aus nachstehenden Verhältniszahlen erhellt. Wenn man die Zahl des die meisten Stimmen aufweisenden Kandidaten einer jeden Liste gleich 100 setzt, so hat die Inanspruchnahme dieses Rechts durch die gesamte Wählerschaft etwa folgende Ergebnisse bei den anderen Kandidaten derselben Liste gezeitigt (genauere Ermittelungen hierüber sind ausgeschlossen, da die unabgeänderten und geänderten Stimmzettel nicht besonders gezählt wurden):

Die Reihenfolge der Kandidaten ist diejenige der den Wählern durch die Parteien zur Verfügung gestellten Stimmzettel.

a) A Strasbourg et dans tout le département du Bas-Rhin :
In Strassburg und im ganzen Département du Bas-Rhin.

	à Strasbourg seul	dans tout le département		à Strasbourg seul	dans tout le département		à Strasbourg seul	dans tout le département
Parti socialiste (S. F. I. O.)			**Bloc rép. national**			**Parti radical et Union rép.**		
1. Peirotes .	100	100	1. Altorffer ..	100	100	1. Dahlet....	100	100
2. G. Weill .	96	95,9	2. Walter ...	96,0	99,1	2. Carl......	68,8	85,8
3. Imbs	88,6	91,6	3. Frey	92,8	97,6	3. Béha	80,5	92,1
4. Nægelen..	90,1	92,2	4. Müller	93,0	97,7	4. Dietz Gust.	69,0	85,1
5. Becker ...	83,6	89,1	5. Oberkirch .	93,3	98,3	5. Jæger	93,1	97,2
6. Heilbronn	81,6	88,6	6. Seltz	92,3	97,8	6. Minck	92,1	90,7
7. Meyer....	85,4	90,2	7. de Leusse .	89,1	96,2	7. Moïse	70,6	81,9
8. Riehl	85,3	89,8	8. Fonlupt ..	92,6	97,2	8. Mühleisen .	82,3	89,3
9. Sorgus ...	83,9	89,1	9. Urban	88,8	96,5	9. Oesinger ..	88,8	91,8
	81,6—100	88,6—100		88,8—100	96,2—100		68,8—100	81,9—100
Différence : Unterschied :	18,4	11,4	Différence : Unterschied :	11,2	3,8		31,2	18,1
Parti communiste			**Comité rép. national**					
1. Hueber ..	100	100	1. Blumenthal	100	100			
2. Haas	99,8	99,4	2. Hügel.....	85,4	89,2			
3. Heysch ..	98,9	98,4	3. Nast	92,8	92,1			
4. Heckel ..	94,6	97,3	4. Weill Edm.	84,3	88,5			
5. Hornecker	95,9	97,2	5. Haag	73,1	90,6			
6. Bonn	96,7	97,5	6. Dietz Ed. .	75,4	82,3			
7. Pfaff	94,1	96,3	7. Bronner ..	71,0	81,9			
8. Hartmann	94,0	96,0	8. Boll	73,7	80,3			
9. Daul	95,2	96,8	9. Krügell...	75,3	79,9			
	94,0—100	96,0—100		71,0—100	79,9—100			
Différence : Unterschied :	6	4	Différence : Unterschied :	29	20,1			

b) Département du Haut-Rhin

Liste du Bloc national (élue complètement)

1. Pflegcr	(59 623 voix)	100
2. Brom	(59 578 »)	99,9
3. Scheer	(59 370 »)	99,6
4. Burger	(59 235 »)	99,3
5. Paul Jourdain	(59 066 »)	99,1
6. Bilger.................	(59 051 »)	99,0
7. Silbermann	(57 099 »)	95,8

95,8—100
Différence : 4,2
Unterschied :

c) Département de la Moselle

Liste d'Union rép. lorraine (Bloc. nat.)

1. R. Schumann	(59 180 voix)	100
2. R. Sérot..............	(58 761 »)	99,3
3. Paqué	(57,464 »)	97,1
4. Moncelle	(57 405 »)	97,0
5. Louis	(57 305 »)	96,8
6. Ch. François	(57 284 »)	96,8
7. L. Meyer	(57 141 »)	96,6
8. Guy de Wendel	(56 423 »)	95,3

95,3—100
Différence : 4,7
Unterschied :

A Strasbourg, le panachage a eu le moins d'effets chez le **Parti communiste** et le plus d'effets chez le Parti radical et le Comité républicain national : la différence proportionnelle (voir les tableaux ci-dessus) n'est que de 6 pour le premier et respectivement de 31,2 et 29 pour les 2 derniers ! Dans tout le département du Bas-Rhin, c'est le Bloc républicain national qui a le chiffre relatif de différence le plus faible 3,8 ; le Parti communiste le suit de très près avec 4, tandis que le Comité républicain national (20,1) et le Parti radical (18,1) sont l'autre extrême, comme ils le sont d'ailleurs à Strasbourg. Il semble donc que les partis politiques dits « extrêmes », le Bloc républicain national et le Parti communiste, ont eu à ces élections législatives les électeurs ou partisans les plus « disciplinés. »

Dans les départements du Haut-Rhin et de la Moselle ces chiffres différentiels sont respectivement de 4,2 et de 4,7 pour la liste du Bloc républicain national.

Das «**Panachieren**» ist in **Strassburg** bei dem **Parti communiste** am weitaus wenigsten in die Erscheinung getreten und am meisten beim Parti radical und sodann beim Comité républicain national. Die verhältnismässige Unterschiedsziffer (s. obige Tabelle) beträgt beim Parti communiste nur 6, bei den beiden letzteren hingegen 31,2 bezw. 29 !

Im gesamten Departement du Bas-Rhin weist dagegen der Bloc républicain national mit 3,8 die niedrigste Ziffer auf ; der Parti communiste folgt eng auf mit 4, während das Comité républicain national mit 20,1 und der Parti radical mit 18,1 wie in Strassburg allein, das andere Extrem bilden. Hiernach scheinen die beiden « äussersten » Parteien, der Bloc républicain national und der Parti communiste, die «disziplinierteste» Wählerschaft zu haben.

Im Haut-Rhin und in der Moselle betrug die Unterschiedsziffer 4,2 bezw. 4,7 bei der Liste des Bloc républicain national.

9° Observations concernant les élections législatives du 11 mai 1924.

9. Bemerkungen über die Wahl zur Deputiertenkammer vom 11. Mai 1924.

a) Les bureaux de vote :

Comme aux élections législatives du 16 novembre 1919, la ville est divisée en 40 districts de vote avec 40 bureaux de vote ; les résultats peuvent donc être comparés, les districts étant les mêmes.

b) Les électeurs inscrits :

Aux élections du 16 novembre 1919, le nombre des électeurs inscrits à Strasbourg a été de 30.269 et à celles du 11 mai 1924 de 39.885 ; il y a donc une augmentation de 31,8 %, qui est principalement due aux nombreuses réclamations de la nationalité française de 1920 et de 1921 en vertu du § 2 de l'Annexe à la Section V, Partie III, du traité de Versailles.

Cet accroissement s'est progressivement manifesté de 1919 à 1924 dans les différents sectionnements électoraux de la ville comme suit :

a) Stimmbezirke :

Wie bei der Kammerwahl vom 16. November 1919, ist die Stadt bei derjenigen vom 11. Mai 1924 in die gleichen 40 Stimmbezirke, denen 40 Wahllokale entsprechen, eingeteilt, so dass Vergleiche zwischen den Ergebnissen derselben möglich sind.

b) Eingeschriebene Wähler :

Am 16. November 1919 bezifferte sich die Zahl der eingeschriebenen Wähler in Strassburg auf 30269 und am 11. Mai 1924 auf 39 885 ; die Zunahme beträgt also 31,8 % und ist in der Hauptsache den besonders im Jahre 1920 und 1921 erfolgten Reklamationen der französischen Nationalität auf Grund des § 2 des Anhangs zur Sektion V, Teil III, des Versailler Vertrags zuzuschreiben.

Diese Vermehrung macht sich in den einzelnen Wahlsektionen von 1919—1924 wie folgt bemerkbar :

La population et les électeurs inscrits des quatre sections de la Ville 1919-1925.

Die Bevölkerung und die eingeschriebenen Wähler der 4 Wahlsektionen der Stadt 1914-1925.

SECTION Wahlsektion		Population - Bevölkerung (recensement du 6 mars 1921) (Volkszählung vom 6 März 1921): Chiffres absolus Absolute Zahlen	en pour cent de la population totale in Prozent der Gesammtbevölkerung	Electeurs inscrits - eingeschriebene Wähler d'après la liste électorale arrêtée le 31 mars ou rectifiée avant les élections, s'il y a en lieu: Chiffres absolus Absolute Zahlen	en pour cent du nombre total des électeurs In Prozent der Gesamtzahl der eingeschriebenen Wähler	Chiffre indice de l'augmentation dans les sections Zunahme-Index in den Sektionen Les chiffres de 1919 = 100 Die Ziffern von 1919 = 100
I *) Ville intra muros, Innenstadt, Stimmbezirke 1—25	1919	106 053	63,6	18 608	61,5	100
	1920			18 140	61,3	97,5
	1921			19 476	61,5	104,7
	1922			22 189	61,4	119,2
	1923			22 801	61,1	122,5
	1924			24 475	61,4	131,5
II Robertsau, Wacken, Tivoli, Stimmbezirke 26—28	1919	10 225	6,1	2 451	8,1	100
	1920			2 416	8,1	98,6
	1921			2 516	7,9	102,7
	1922			2 732	7,6	111,5
	1923			2 765	7,4	112,8
	1924			2 938	7,4	119,9

*) « La Section » n'est pas à confondre avec le canton ou circonscription servant de base aux élections au Conseil Général. Une Section, c'est ici la circonscription ou le sectionnement de la ville qui a servi de base en 1919 aux élections municipales. Aux élections municipales de mai 1925 le sectionnement de la ville est tout autre ; il correspond alors aux » Cantons «.

Die Sektion darf hier nicht mit den Kantonen oder Stadteinteilungen verwechselt werden, die bei den Gemeinderatswahlen zugrunde liegen. Sektionen heissen hier die Stadtbezirke, wie sie bei den Gemeinderatswahlen 1919 eingeteilt waren. Bei den Gemeinderatswahlen vom Mai 1925 fallen hingegen die Sektionen mit den bisherigen Kantonen etwa zusammen.

SECTION Wahlsektion		Population - Bevölkerung (recensement du 6 mars 1921) (Volkszählung vom 6. März 1921) chiffres absolus Absolute Zahlen	en pour cent de la population totale in Prozent der Gesamtbevölkerung	électeurs inscrits - eingeschriebene Wähler d'après la liste électorale arrêtée le 31 mars ou rectifiée avant les élections s'il y a eu lieu chiffres absolus Absolute Zahlen	en pour cent du nombre total des électeurs in Prozent der Gesammtzahl der eingeschriebenen Wähler	Chiffre indice de l'augmentation dans les sections Zuuahme-Index in den Sektionen Les chiffres de 1919 = 100 Die Ziffern von 1919 = 100
III Neudorf, Neuhof, Heyritz, Meinau, Hohwarth, Musau, Stimmbezirke 29—35	1919	32 442	19,5	5 400	17,8	100
	1920			5 327	18,0	98,7
	1911			5 717	18,1	105,9
	1922			6 736	18,7	124,8
	1623			7 073	19,0	131,0
	1924			7 511	18,8	139,1
IV Cronenbourg, Kœnigshoffen, Montagne-Verte, Stimmbezirke 36—40	1919	18 047	10,8	3 810	12,6	100
	1920			3 721	12,6	97,7
	1921			3 955	12,5	103 8
	1922			4 450	12,3	116,8
	1923			4 675	12,5	122,7
	1924			4 961	12,4	130,2

Population totale de la ville
Gesamtbevölkerung der Stadt
(Recensement du 6 mars 1921)

166 767 dont 157 086 de population civile résidante
9 681 de „ militaire

Totaux des électeurs inscrits à Strasbourg : — Gesamtzahl der eingeschriebenen Wähler in Strasbourg :

		Chiffre indice de l'augmentation Messziffer der Zunahme (Le chiffre 30269 de 1919 = 100) (Die Zahl 30269 von 1919 = 100)
en 1919	30 269	100
1920	29 604	97,8
1921	31 664	104,6
1922	36 107	119,3
1923	37 314	123,3
1924	39 885	131,8

La liste électorale arrêtée le 31 mars 1920 contient moins d'électeurs que celle qui a servi aux élections du 16 novembre 1919. C'est qu'à cette dernière date elle contenait des électeurs qui ont dû réclamer la nationalité française et ne l'ont pas obtenue de plein droit. Par décret du 10 janvier 1920 le traité de Versailles du 28 juin 1919 a été ratifié. Le Journal Officiel du 12 janvier 1920 a promulgué ensuite un décret du 10 janvier 1920 qui a fixé pour les habitants d'Alsace et de Lorraine et les personnes qui en sont originaires les formalités à accomplir pour être inscrits sur les registres de réintégration de plein droit dans la nationalité française ou pour réclamer cette dernière. Les dispositions du traité de paix relatives à la nationalité de la population d'Alsace et de Lorraine (art. 51, 53 et 54

Die am 31. März 1920 aufgestellte Wählerliste zeigt auffallenderweise einen Rückgang gegenüber dem Stand vom 16. November 1919. Es waren am 16. November 1919 Wähler eingeschrieben, welche die französische Nationalität reklamieren mussten und sie nicht von Rechts wegen erhalten konnten. Durch Dekret vom 10. Januar 1920 ist der Versailler Friedensvertrag vom 28. Juni 1919 ratifiziert worden. Das « Journal Officiel » vom 12. Januar 1920 hat hierauf ein Dekret vom 11. Januar 1920 veröffentlicht, welches genau für die Einwohner Elsass-Lothringens oder für die von dort stammenden Personen die Formalitäten bestimmte, nach welchen die Wiedereinsetzung (réintégration) von Rechts wegen in die französische Nationalität oder die Reklamation derselben zu erfolgen haben. Die Bestimmungen des

et l'annexe à la section V) sont entrées en vigueur le 10 janvier 1920 et l'application en a été réglée par le décret du 11 janvier 1920 (Journal Officiel du 12 janvier). Cette réglementation a défini les catégories de personnes réintégrées de plein droit dans la nationalité française et celles qui ont dû la réclamer, d'une manière plus précise que l'arrêté du 14 décembre 1918 sur les cartes d'identité A, B, C et D, qui a servi de base pour l'établissement des listes électorales des élections du 16 novembre 1919. Les listes électorales de 1920, 1921, etc. ont été, par contre, arrêtées d'après les règles de nationalité prescrites par le traité de paix.

C'est ce qui explique, au moins en grande partie, la diminution sensible du nombre des électeurs inscrits en 1920 et l'augmentation constante pendant les années suivantes : augmentation de 31 % de 1919 à 1924. L'accroissement le plus fort a été constaté dans la 3e section électorale, Neudorf-Neuhof, (39,1 %) et le plus faible dans la seconde, Robertsau-Wacken (20 %).

c) Pourcentage des votants par rapport aux électeurs inscrits.

A. Observations générales.

Le pourcentage des votants du 11 mai 1924 par rapport aux électeurs inscrits se chiffre à 80 % et peut être considéré comme élevé ; il a été de 82,2 % le 16 novembre 1919. Plus de 3000 cartes électorales ont fait retour à la mairie après la distribution qui a eu lieu pendant les derniers 8 jours avant le 11 mai 1924, le destinataire n'ayant pu être trouvé, avec les mentions: « changement de domicile », « appelé sous les drapeaux », etc.

Le pourcentage des votants est, d'autre part, inférieur à la moyenne du département du Bas-Rhin (84,9 %) ; le 16 novembre 1919, cette dernière n'avait atteint que 81,3 %. Aux élections au Reichstag de 1912, le taux a été de 83,9 % à Strasbourg, de 86,2 % dans le Bas-Rhin et de 84,9 % dans toute l'Alsace-Lorraine.

B. Le pourcentage des votants dans les différents quartiers

Ce pourcentage a atteint dans les quatre cantons (voir tableau page 22) presque le même chiffre : Canton Nord 80,9 %, Sud 81,1 %, Ouest 79,5 % et Est 79,0 %.

Par contre, si l'on divise à cet effet la cité en ville intra muros et extra muros (banlieue), on constate le taux le plus élevé à Neuhof-Stockfeld (84,8 %) ; en 2e lieu vient la Robertsau avec 84,2 % ; en 3e Cronenbourg avec 82,3 % et en dernier lieu la ville intra muros avec 78,8 %.

Le pourcentage des votants a été élevé dans tous les bureaux de vote : il a été le plus fort dans les bureaux No 27 (Robertsau) : 85,0 % ; No 35 (Neuhof) : 84,8 % ; No 28 (Tivoli) : 84,5 % ; No 29 (Neudorf, école de la Ziegelau) : 83,8 %.

Par contre, ce taux a été le plus faible dans les bureaux : No 28 (école Schœpflin) : 73,4 % ; No 22 (école Ste-Aurélie) : 74,2 % ; No 23 (école St-Jean) : 75,3 %.

Friedensvertrages, betreffend die Nationalität der elsass-lothringischen Bevölkerung (Art. 51, 53 und 54 des Vertrags sowie der Anhang zu Teil V) sind also erst am 10. Januar 1920 in Kraft getreten und die Ausführungsbestimmungen sind im Dekret vom 11. Januar 1920 (« Journal Officiel » vom 12. Januar) bekanntgegeben worden. Diese Vorschriften haben den Kreis der Personen, welche von Rechts wegen Franzosen sind oder aber welche diese Nationalität reklamieren müssen, klar umschrieben. Die bisherige Regelung des Arrêté vom 14. Dezember 1918 über die bekannten Cartes d'identité A, B, C und D, welche bei der Aufstellung der Wählerliste für die Wahlen vom 16. November 1919 gegolten hatte, war bei Abschluss der Wählerlisten von 1920, 1921 usw. nicht mehr massgebend.

Dieser Umstand erklärt zum grossen Teil den nicht unerheblichen Rückgang der Zahl der eingeschriebenen Wähler im Jahre 1920 und deren stetigeZunahme in den folgenden Jahren. Letztere betrug von 1919 bis 1924 etwa 31 %. Am stärksten war dieses Anwachsen in der III. Wahlsektion Neudorf-Neuhof (um 39,1 %) und am schwächsten in der zweiten, Robertsau-Wacken (um rund 20 %).

c) Wahlbeteiligung.

A. Allgemeines.

Die Wahlbeteiligung betrug in Strassburg in bezug auf die eingeschriebenen Wähler am 11. Mai 1924 80 % und ist als stark zu bezeichnen ; am 16. November 1919 war diese Ziffer 82,2 %. Über 3 000 Wählerkarten waren bei der Zustellung innerhalb der 8 Tage vor der Wahl am 11. Mai 1924 als « unbestellbar » (mit der Bemerkung : « verzogen », « beim Militär » usw.) an die Mairie zurückgelangt.

Die Wahlbeteiligung am 11. Mai 1924 ist anderseits auch erheblich geringer als die Durchschnittsziffer des Bas-Rhin : 84,9 % ; am 16. November 1919 betrug letztere 81,3 %. Bei den Reichstagswahlen von 1912 bezifferte sich die Wahlbeteiligung: in Strassburg auf 83,9%, im Bas-Rhin auf 86,2 % und in ganz Elsass-Lothringen auf 84,9 %.

B. Die Wahlbeteiligung in den einzelnen Stadtteilen.

Die Wahlbeteiligung war in den einzelnen Kantonen (siehe Tabelle Seite 22) fast gleich stark : Kanton Nord : 80,9 % ; Süd : 81,1 % ; West 79,3 % und Ost 79,0 %.

Teilt man hingegen die Stadt in Innenstadt und Vororte in dieser Hinsicht ein, so weist Neuhof-Stockfeld die stärkste Wahlbeteiligung (84,3 %)auf ; an 2. Stelle steht Ruprechtsau mit 84,3 % ; an dritter Kronenburg mit 82,3 % und an letzter die Innenstadt mit 78,8 %.

In allen Stimmbezirken war die Beteiligung eine rege ; am stärksten war diese im Bezirk Nr. 27 (Ruprechtsau) 85,0 % ; im Bezirk 35 (Neuhof) : 84,8 % ; im Bezirk Nr. 28 (Tivoli) : 84.5 % ; im Bezirk Nr. 29 (Neudorf-Ziegelauschule) : 83,8 %.

Am schwächsten war sie hingegen im Bezirk Nr. 25 (Schöpflinschule) : 73,4 % ; im Bezirk Nr. 22 (Aurelienschule) : 74,2 % ; im Bezirk Nr. 23 (St. Johannesschule) : 75,3 %.

Aux élections législatives du 16 novembre 1919 le bureau de vote N° 36 (Kœnigshoffen) avait atteint le taux de 88,8 % ; le N° 30 (Neudorf, école de la Ziegelau) 87,1 %. D'autre part, le bureau de vote N° 19 (école St-Thomas) n'avait pas dépassé 65,2 % et le N° 20 (Aubette) 74,8 %.

Le bureau de vote N° 19 (école St-Thomas), qui avait aux élections du 16 novembre 1919 un taux si bas, a atteint le 11 mai 1924 le chiffre de 78,2 % et n'a été que très peu au-dessous de la moyenne générale de 80,1 % de la ville. La différence entre les taux maxima et minima a été le 11 mai 1924 beaucoup plus petite que le 16 novembre 1919.

d) Bulletins non valables.

Le nombre des bulletins non valables est presque le même dans les 4 cantons (voir tableau page 22) ; il est de 407 contre 368 aux élections du 16 novembre 1919. 1,3 % des bulletins n'ont pas été valables ; ce taux a été de 1,2 % pour tout le département du Bas-Rhin. Aux élections au Reichstag de 1912, il y eut 655 bulletins non valables (c'est-à-dire 2,0 %) sur 32 416. Cette dernière élection était un scrutin d'arrondissement (scrutin uninominal) et non un scrutin de liste, comme aux élections de 1919 et 1924. Le bureau de vote N° 33 (Hohwarth) n'avait qu'un seul bulletin non valable sur 161 bulletins valables et les bureau N° 14 (école du Dragon) et N° 30 (Neudorf, école de la Ziegelau) avaient atteint chacun la limite maximum de 20 bulletins non valables sur 784 ou 976 valables.

Il n'y avait donc pas plus de bulletins non valables au scrutin de liste qu'au scrutin uninominal d'arrondissement de 1912.

e) Résultats des élections.

1° Aperçu général.

Les diagrammes des pages 34 et 35 montrent la répartition des suffrages sur les différents partis politiques à Strasbourg et dans le département du Bas-Rhin ainsi que le déplacement des suffrages vers la gauche, au-delà de la ligne de bissection, aux élections du 11 mai 1924.

A Strasbourg, le recul des suffrages du bloc national républicain aux élections du 11 mai 1924 par rapport à celle du 16 novembre 1919 est très sensible (de 39 % à 28,9 %). Cette perte est due, en partie, à l'interposition d'un nouveau parti, le comité républicain national. Le parti radical (avec l'union républicaine) a maintenu à peu près le chiffre de ses suffrages (1919 = 11,9 % des voix et en 1924 11 %). Les deux partis ouvriers (le parti socialiste et le parti communiste) ont recueilli ensemble plus que la moitié des suffrages, tandis qu'en 1919 les partis dits « bourgeois » (le bloc national et le parti radical) en ont pu réunir la majorité, quoique faible.

Strasbourg (166.767 habitants) compte à peu près le quart (25,6 %) des habitants de tout le

Bei der Kammerwahl vom 16. November 1919 brachte es der Bezirk Nr. 36 (Königshofen) auf eine Wahlbeteiligung von 88,8 % ; der Bezirk Nr. 30 (Ziegelauschule, Neudorf) auf 87,1 % ; demgegenüber wies der Bezirk Nr. 19 (St. Thomas-Schule)nur eine solche von 65,2 % und Bezirk Nr. 20 (Aubette) eine solche von 74,8 % auf.

Bezirk Nr. 19 (St. Thomasschule), welcher am 16. November 1919 in bezug auf die Wahlbeteiligung so schlecht abgeschnitten hatte, hat am 11. Mai 1924 einen Prozentsatz von 78,2 erreicht und steht nur wenig unter dem Durchschnitt 80,1% der Stadt. Die Spannung zwischen den Stimmbezirken mit schwächster und stärkster Wahlbeteiligung war am 11. Mai 1924 eine weit geringere als am 16. November 1919.

d) Ungültige Stimmzettel.

Die Zahl der ungültigen Stimmzettel ist in allen 4 Kantonen (siehe Tabelle Seite 22) fast gleich ; sie beträgt insgesamt 407 gegen 368 am 16. November 1919.

1,3 % der Stimmzettel waren ungültig ; diese Verhältniszahl ist 1,2 % für das ganze Departement des Bas-Rhin.

Bei der Reichstagswahl 1912 waren von 32 416 Stimmzetteln 655 ungültig, d. h. 2,0%. Diese Wahl war eine Kreiswahl (mit einem einzigen Kandidaten) und keine Listenwahl wie bei den Wahlen vom 16. November 1919 und 11. Mai 1924.

Der Bezirk Nr. 33 (Hohwarth) wies nur einen ungültigen Stimmzettel bei 161 gültigen auf und die Bezirke Nr. 14 (Drachenschule) und Nr. 30 (Ziegelauschule) je 20 bei 784 bezw. 976 gültigen als Höchstzahl auf.

Das Listenwahlsystem hat also nicht mehr ungültige Stimmzettel im Gefolge gehabt als das frühere Kreiswahlsystem von 1912.

e) Wahlergebnisse.

1. Allgemeines.

Die Diagramme (Seite 34 u. 35) veranschaulichen die Verteilung der Stimmen auf die einzelnen politischen Parteien in Strassburg und in dem Département du Bas-Rhin sowie die Verschiebung der Stimmen nach links, über die Halbierungslinie hinaus, bei den Wahlen von 1924.

In Strassburg ist bei der Wahl vom 11. Mai 1924 der Rückgang der Stimmen des Bloc national républicain eine erhebliche (von 39 % der Stimmen auf 28,9 %). Zum Teil ist diese Abnahme dem Dazwischentreten einer neuen Partei, dem Comité républicain national, zuzuschreiben. Der Parti radical (mit der Union républicaine) hat sich etwa gehalten (1919 = 11,9 % der Stimmen, 1924 = 11,0 %). Die beiden Arbeiterparteien (Parti socialiste und Parti communiste) haben zusammen mehr als die Hälfte der Stimmen auf sich vereinigt, wohingegen 1919 Bloc national und Parti radical zusammen eine allerdings schwache Mehrheit aufwiesen.

Strasburg (166 767 Einwohner) stellt etwa ein Viertel (25,6 %) der Bevölkerung des ganzen

département du Bas-Rhin (651.686 habitants); mais des 147.963 votants du 11 mai 1924 dans le département, 31.934, soit 21,3 %, sont seulement domiciliés à Strasbourg. Les résultats des élections, sans les suffrages exprimés à Strasbourg, dans le département du Bas-Rhin sont graphiquement représentés dans un diagramme spécial (page 34).

Même **sans** Strasbourg, le bloc national républicain a perdu. dans le département du Bas-Rhin la majorité absolue (en 1919: 57,1 % des suffrages et en 1924: 48,8 %). Le parti radical a pu relever ses suffrages de 8,8 % du total a 10,9 %. Le comité républicain national n'a recueilli que 3,5 % des voix, contre 7,8 % à Strasbourg. Les deux partis ouvriers (le parti socialiste et le parti communiste) ont vu ensemble leurs suffrages augmenter d'une manière appréciable (en 1919: 31,1 % des voies et en 1924: 36,8 %); ils se sont accrus dans la même proportion à Strasbourg seul (en 1919 = 49 %; en 1924: le parti socialiste = 32,7 % et le parti communiste = 19,6 %; en tout 52,3 % du total des suffrages).

Dans tout le département du Bas-Rhin, les suffrages du bloc national républicain ont reculé de 53,7 % à 44,6 %, c'est-à-dire à peu près dans la même proportion qu'à Strasbourg. Les suffrages des deux partis ouvriers (1919 = 36,8 %; 1924 = 40 % dont 25,8 % pour le parti socialiste et 14,2 % pour le parti communiste) se sont accrus. Le parti radical a réussi à relever légèrement le nombre de ses voix de 9,4 % du total en 1919 à 10,9 % en 1924, malgré l'interposition du comité républicain national en 1924, qui a recueilli 4,5 % des voix.

2° Résultats dans les différents quartiers de la ville

Dans la **ville intra muros** (voir le diagramme page 35) qui compte 106.053 habitants, soit 63,6 % du total, le bloc national républicain est tombé de 44,4 % du total des suffrages en 1919 à 30,2 % en 1924. Ce recul très important est dû, en partie, à l'interposition du comité républicain national, qui a réussi à enlever le 11 mai 1924 10,3 % des suffrages de la ville intra muros. Cette circonstance n'a pas porté grand préjudice au parti radical: en 1919 = 13,5 % des suffrages; en 1924 = 12,7 %. Une augmentation très forte est à enregistrer ici pour le compte des deux partis ouvriers: 1919 = 42,1 % des suffrages et en 1924 = 46,8 %, dont 30,4 % pour le parti socialiste et 16,4 pour le parti communiste. Le parti le plus fort de la ville intra muros est le parti socialiste qui a enlevé ce premier rang au bloc national républicain; mais ce dernier suit de très près.

Banlieue:

A **Neudorf** (avec 14,8 % du total des habitants de la ville), qu'on appelle souvent la grande cité ouvrière de la banlieue, les suffrages du bloc na-

Département du Bas-Rhin (651 686 Einwohner) dar. Von den 147.963 Wählern des 11. Mai 1924 fallen 31 934, d. h. nur 21,3 %, auf Strassburg. Die Ergebnisse der Wahl ohne die Stimmen der Strassburger Wähler in dem Département du Rhin sind in einem besonderen Diagramm ebenfalls veranschaulicht (Seite 34).

Auch ohne Strassburg hat der Bloc national républicain im Bas-Rhin gegenüber 1919 die absolute Mehrheit verloren (1919 = 57,1 % der Stimmen; 1924 nur 48,8 %). Der Parti radical hat hier seine Stimmen von 8,8 % der Gesamtzahl auf 10,9 % erhöht. Das Comité républicain national weist nur 3,5 % der Simmen auf gegen 7,8 % in Strassburg allein. Die beiden Arbeiterparteien (Parti socialiste und Parti communiste) haben zusammen eine nicht unerhebliche Zunahme zu verzeichnen (1919 = 31,1 %; 1924 = 36,8 %); etwa in derselben Weise haben sie in Strassburg allein zugenommen (1919 = 49 %; 1924: Parti socialiste 32,7 % und Parti communiste 19,6 %, zusammen 52,3 % der Stimmen).

Im gesamten Département du Bas-Rhin sind die Stimmen des Bloc national von 53,7 % auf 44,6 % zurückgegangen; etwa in demselben Verhältnis wie in Strassburg. Die Stimmen der beiden Arbeiterparteien (1919 = 36,8 %; 1924 = 40 %; wovon 25,8 % für den Parti socialiste und 14,2 % für den Parti communiste) haben zugenommen. Der Parti radical hat seine Stimmen von 9,4 % im Jahre 1919 auf 10,9 % im Jahre 1924 erhöht, trotz des Einschiebens des Comité républicain national, welches 4,5 % der Stimmen auf sich vereinigte.

2. Ergebnisse in den einzelnen Stadtteilen.

In der **Innenstadt** (siehe Diagramm Seite 35) mit 106 053 Einwohnern und etwa 63,6 % der Gesamteinwohnerschaft Strassburgs sind die Stimmen des Bloc républicain national von 44,4 % im Jahre 1919 auf 30,2 % am 11. Mai 1924 ganz erheblich zusammengeschmolzen, anscheinend zum Teil wegen des Dazwischentretens des Comité républicain national, welcher am 11. Mai 1924 10,3 % der Stimmen der Innenstadt auf sich vereinigte. Dieser Umstand hat anderseits dem Parti radical an und für sich nicht viel geschadet: 1919 = 13,5 % der Stimmen; 1924 = 12,7 %. Einen wesentlichen Zuwachs verzeichnen die beiden Arbeiterparteien: 1919 Parti socialiste 42,1 % der Stimmen; 1924 = 46,8 %, wovon 30,4 % auf den Parti socialiste und 16,4 % auf den Parti communiste entfallen. Die nach der erhaltenen Stimmenzahl stärkste Partei in der Innenstadt ist der Parti socialiste, der diesen Rang dem Bloc national am 11. Mai 1924 abgenommen hat; gleich dahinter kommt der Bloc national.

Vororte:

Im **Grossvorort Neudorf** (mit etwa 14,8 % der Gesamteinwohnerschaft) ist der Bloc républicain national weniger zurückgegangen, jeden-

tional républicain ont beaucoup moins diminué, en tout cas, moins que dans les autres parties de la ville : en 1919 = 26,6 % des suffrages ; en 1924 = 23,8 %. Le parti radical a vu dégrossir ses rangs dans la même proportion : en 1919 = 10,5 % et en 1924 = 8,8 %. Les pertes de ces deux partis semblent avoir été provoquées par le comité républicain national, qui a recueilli 3,8 % des suffrages. Les deux partis ouvriers n'ont réussi qu'à élever ensemble très peu le chiffre des suffrages obtenus en 1919 : en 1919 = 62,9% ; en 1924 = 63,6 % dont 34,9 pour le parti socialiste et 28,7 % pour le parti communiste. Neudorf est cette partie de la ville où les suffrages obtenus par les deux partis ouvriers sont relativement les plus forts, d'où son nom de « cité ouvrière de la banlieue ». Mais ce qui frappe le plus, c'est que les partis ouvriers n'ont pas pu ici augmenter d'une manière appréciable leurs suffrages, comme cela s'est passé dans les autres parties de la ville.

D'après les suffrages recueillis, l'ordre de l'importance des partis politiques à Neudorf est le suivant aux élections du 11 mai 1924 : 1° parti socialiste 34,9 % des suffrages ; 2° parti communiste 28,7 % ; 3° bloc républicain national 23,8 % ; 4° parti radical 8,8 %.

A **LA ROBERTSAU** (avec 6,1 % des habitants de la ville), le bloc républicain national a subi également des pertes sensibles : en 1919 = 33,8 % des suffrages et en 1924 = 28,6 %, probablement, au moins en partie, par suite de l'interposition du comité républicain national qui a réuni 4,2 % des voix. Ce parti n'a d'autre part, porté que peu de préjudice au parti radical : 1919 = 9,1 % des suffrages et en 1924 = 8,0 %.

Les deux partis ouvriers ont pu enregistrer ensemble une petite augmentation : parti socialiste en 1919 = 57,1 % des suffrages ; en 1924 = 59,2 % dont 44,8 % pour le parti socialiste et 14,4 % pour le parti communiste. Comme parti politique le plus fort aux élections de 1924, il faut noter ici le parti socialiste (44,8 % des voix) ; viennent ensuite le bloc républicain national avec 28,6 %, le parti communiste avec 14,4 % et le parti radical avec 8,0 %.

A **Cronenbourg** (avec 4,8 % de la population de la ville) la diminution des suffrages exprimés en faveur du bloc républicain national est considérable : en 1919 = 38,3 % des suffrages et en 1924 = 28,9 %) ; celle du parti radical est moindre : en 1919 = 9,8 % des suffrages et en 1924 = 8,8 % ; le comité républicain national n'a pu obtenir ici que 2,5 % des voix. Celles des partis ouvriers se sont accrues d'une manière considérable : en 1919 = 51,9 % ; en 1924 = 59,5 %, dont 29,8 % pour le parti communiste et 29,7 % pour le parti socialiste.

Le parti politique le plus fort de Strasbourg-Cronenbourg aux élections du 11 mai 1924 est le parti communiste (29,8 %). Le parti socialiste le suit de très près (29,7 %). Viennent ensuite le bloc national (28,9 %) et le parti radical (8,8 %).

falls am wenigsten von allen Stadtteilen : 1919 = 26,6 % der Stimmen ; 1924 = 23,8 %. Etwa in gleicher Weise hat der Parti radical abgenommen : 1919 = 10,5 % der Stimmen ; 1924 = 8,8 %. Die Verluste obiger beiden Parteien sind anscheinend durch das Comité républicain national verursacht worden, das 3,8 % der Stimmen hier erhielt. Die beiden Arbeiterparteien haben zusammen ihren Bestand von 1919 nur leicht vermehrt : 1919 = 62,9 % der Stimmen ; 1924 = 63,6 %, wovon 34,9 % auf den Parti socialiste und 28,7 % auf den Parti communiste kommen. Neudorf ist derjenige Stadtteil oder Vorort, wo die Stimmen der Arbeiterparteien verhältnismässig am stärksten sind. Mit Recht wird er sonach oft kurz der « Arbeitervorort » genannt. Seltsamerweise haben aber die Arbeiterparteien zusammen ihre Stimmenzahl hier kaum vermehrt, während dies in den andern Stadtteilen die Regel ist.

Der Stimmenzahl nach sind in Neudorf die Stärkeverhältnisse der einzelnen Parteien am 11. Mai 1924 folgende gewesen.: 1. Parti socialiste 34,9 % ; 2. Parti communiste 28,7 % ; 3. bloc républicain national 23,8 % ; 4. Parti radical 8,8 %.

Im **Vorort Ruprechtsau** (6,1 % der Gesamteinwohner Strassburgs) hat ebenfalls der Bloc républicain national eine empfindliche Einbusse erlitten : 1919 = 33,8 % der Stimmen ; 1924 = 28,6 %, anscheinend auch wieder zum Teil durch das Dazwischentreten des Comité républicain national (mit 4,2 % der Stimmen). Letzteres hat dem Parti radical in bezug auf den Stimmenverlust gegenüber 1919 hier nur wenig Schaden zugefügt : Parti radical 1919 = 9,1 % der Stimmen ; 1924 = 8,0 %.

Die beiden Arbeiterparteien konnten zusammen einen kleinen Zuwachs buchen : 1919 Parti socialiste 57,1 % ; 1924 = 59,2 %, wovon 44,8 % auf den Parti socialiste und 14,4 % auf den Parti communiste fallen. Als weitaus stärkste Partei nach der Stimmenzahl vom 11. Mai 1924 gilt der Parti socialiste (44,8 % der Stimmen) ; an 2. Stelle der Bloc républicain national (28,6 %) ; an 3. Stelle der Parti communiste (14,4 %) und an vierter der Parti radical (8,0 %).

Im **Vorort Kronenburg** (mit 4,8 % der Gesamteinwohnerzahl) ist die Abnahme der Stimmen des Bloc républicain national erheblich : 1919 = 38,3 % ; 1924 = 28,9 % ; diejenige des Parti radical anderseits geringer : 1919 = 9,8 % ; 1924 = 8,8 %. Das Comité républicain national hat hier nur 2,8 % der Stimmen erhalten. Wesentlich haben sich die Stimmen der beiden Arbeiterparteien zusammen vermehrt : 1919 = 51,9 % ; 1924 = 59,5 %, wovon 29,8 % auf den Parti communiste und 29,7 % auf den Parti socialiste entfallen.

Als stärkste politische Partei von Kronenburg ist der Parti communiste (29,8 %) nach der Stimmenzahl vom 11. Mai 1924 anzusehen. Gleich dahinter, mit nur ganz geringem Abstand, kommt der Parti socialiste mit 29,7 % der Stimmen, an 3. Stelle der Bloc républicain national mit 28,9 % und an 4. Stelle der Parti radical mit 8,8 %.

Les deux partis ouvriers ensemble n'ont guère vu augmenter leurs suffrages à **Neuhof-Stockfeld,** comme d'ailleurs à Neudorf : en 1919 = 57,2 % et en 1924 = 57,4 % dont 38,7 % pour le parti socialiste et 18,7 % pour le parti communiste. Le parti radical a bénéficié d'une très légère augmentation (de 6,2 % en 1919 à 7,2 % en 1924). Le recul très sensible des voix du bloc national (de 36,6 % en 1919 à 31,3 % en 1924) semble dû en grande partie à l'interposition du comité républicain national (à nom presque identique) qui a réuni 4,1 % des suffrages.

L'ordre de l'importance des partis politiques est ici le suivant : 1° le parti socialiste (38,7 %) ; 2° le bloc républicain national (31,3 %) ; 3° le parti communiste et enfin le parti radical.

Kœnigshoffen, où habitent 3,6 % des habitants de la ville, nous révèle une exception bien frappante en ce qui concerne le développement des partis politiques à Strasbourg : le bloc républicain national n'a pas seulement maintenu ici ses positions, il les a même un peu élargies : il a recueilli en 1919 29,4 % des suffrages et en 1924 29,6 %. L'interposition du comité républicain national semble avoir eu lieu ici au détriment des partis de gauche. Les deux partis ouvriers pris ensemble, qui ont vu accroître leurs voix dans toutes les autres parties de la ville, ont à déplorer ici un recul très accentué de leurs voix : 1919 = 60,3 % des suffrages, en 1924 56,7 %, dont 32,9 % pour le parti socialiste et 23,8 % pour le parti communiste. Il en est de même du parti radical : en 1919 = 10,3 % des voix et en 1924 = 7,8 %.

Comme parti politique le plus fort, il faut noter encore ici le parti socialiste : 32,9 % des suffrages ; viennent ensuite le bloc républicain national avec 26,6 % et le parti communiste avec 23,8 %.

A la **Montagne-Verte,** qui représente 2,4 % des habitants de la ville, la règle générale redevient applicable : augmentation des voix des partis ouvriers ; diminution de celles du bloc républicain national, probablement encore ici par suite de l'interposition du nouveau parti, le comité républicain national. Le parti socialiste a réuni en 1919 58,9 % des suffrages ; les deux partis ouvriers, pris ensemble en 1924, 61,3 %, dont 34,9 % pour le parti socialiste et 26,4 % pour le parti communiste. C'est encore le parti socialiste qui est au premier rang (34,9 %). Il est suivi par le parti communiste avec 26,4 % et le bloc républicain national.

Si l'on compare séparément les suffrages obtenus par les différents partis politiques dans la ville intra-muros et les cités de la banlieue, on arrive à la constatation suivante :

Le parti socialiste est toujours au premier rang de l'importance numérique des suffrages et très souvent d'une manière appréciable ; une seule exception est à noter : c'est Cronenbourg où le parti communiste a enlevé la première place. Dans la ville intra muros, le parti socialiste est suivi de très près par le bloc républicain national

Im **Vorort Neuhof-Stockfeld** (4,6 % der Gesamteinwohner) haben die beiden Arbeiterparteien genau wie im Vorort Neudorf ihre Stimmenzahl kaum vermehrt : 1919 = 57,2 % ; 1924 = 57,4 %, wovon 38,7 % auf den Parti socialiste und18,7 % auf den Parti communiste entfallen. Der Parti radical hat hier eine geringe Zunahme zu verbuchen (von 6,2 % im Jahre 1919 auf 7,2 % im Jahre 1924). Der starke Rückgang der Stimmen des Bloc républicain national (von 36,6 % im Jahre 1919 auf 31,3 % im Jahre 1924) scheint zum grossen Teil durch das Dazwischentreten der neuen Partei des namensverwandten Comité républicain national, welcher 4,1 % der Stimmen auf sich vereinigte, verursacht worden zu sein.

Als stärkste Partei gilt hier der Parti socialiste (38,7 % der Stimmen) ; an 2. Stelle steht der Bloc républicain national (31,3 %), an dritter der Parti communiste und an vierter der Parti radical.

Der Vorort **Königshofen** (mit 3,6% der Gesamteinwohnerschaft bildet in bezug auf die Entwicklung der Parteiverhältnisse seit 1919 eine bemerkenswerte Ausnahme in Strassburg. Der Bloc républicain national hat sich hier nicht allein gehalten, sondern seine Stimmen sogar leicht vermehrt : 1919 = 29,4 % ; 1924 = 29,6%. Das Dazwischentreten des Comité républicain national scheint hier ausnahmsweise zu Ungunsten der Linksparteien erfolgt zu sein. Die beiden Arbeiterparteien, welche sich durchweg einer Zunahme ihrer Stimmen in den andern Stadtteilen zu erfreuen haben, weisen hier einen nicht unerheblichen Rückgang auf : 1919 = 60,3 % der Stimmen ; 1924 = 56,7 %, wovon 32,9 % auf den Parti socialiste kommen und 23,8% auf den Parti communiste. Ähnlich steht es mit dem Parti radical : 1919 = 10,3 % ; 1924 = 7,8 %.

Als stärkste politische Partei ist aber auch hier der Parti socialiste mit 32,9 % der Stimmen anzusehen ; an 2. Stelle steht der Bloc républicain national mit 29,6 % und an dritter der Parti communiste mit 23,8 %.

Der Vorort **Grüneberg** (2,4 % der Gesamteinwohner) fällt wieder in die allgemeine Regel zurück : Zunahme der Stimmen der Arbeiterparteien ; Rückgang der Stimmen des Bloc républicain national, wahrscheinlich auch hier zum Teil wegen des Auftretens der neuen Partei, des Comité républicain national. Der Parti socialiste erhielt 1919 58,9 % der Stimmen ; die beiden Arbeiterparteien zusammen 1924, 61,3 % wovon 34,9 % auf den Parti socialiste kommen und 26,4 % auf den Parti communiste. Als stärkste Partei kommt auch hier der Parti socialiste (34,9 % der Stimmen) in Betracht ; an 2. Stelle steht der Parti communiste (26,4 %) und an dritter der Bloc républicain national.

Wenn man die Stärkeverhältnisse der Parteien getrennt nach Innenstadt und Vororte betrachtet, so ist folgendes festzustellen :

Der Parti socialiste steht überall, und oft mit sehr grossem Vorsprung, an erster Stelle ; eine Ausnahme macht nur Kronenburg, wo er leicht vom Parti communiste überholt wurde. In der Innenstadt folgt ihm mit nur sehr geringem Abstand der Bloc républicain national ; er steht 4 Mal an 2. Stelle in bezug auf die poli-

qui occupe d'ailleurs 4 fois le deuxième rang (dans la ville intra-muros, à la Robertsau, au Neuhof et à Kœnigshoffen); cependant il ne vient nulle part en premier lieu. Le parti communiste, qui est à Cronenbourg au premier rang, est encore deux fois au second : à Neudorf et à la Montagne-Verte.

3. *Résultats particulièrement frappants dans quelques bureaux de vote.*

Dans la ville intra-muros, où le **parti socialiste** a recueilli 30,4% des suffrages, les taux extrêmes se trouvent dans les bureaux de vote suivants :

1. École de l'Académie	38,5 %
2. École St-Louis	37,9 %
3. École St-Thomas	36,6 %
d'une part, et	
1. École technique	20,6 %
2. Chambre des métiers	22,7 %
3. École Pigier	22,8 %
d'autre part.	

Taux extrêmes du **bloc républicain national** (30,2 % en moyenne) dans la ville intra-muros :

1. Lycée des jeunes filles	44,1 %
2. Lycée Kléber	36,1 %
3. École israélite des arts décoratifs	34,0 %
d'une part, et	
1. École St-Guillaume	17,1 %
2. École St-Thomas	19,6 %
d'autre part.	

Taux extrêmes du **parti communiste** : (16,4 % en moyenne) dans la ville intra-muros :

1. École St-Guillaume	34,1 %
2. École de l'Académie	31,9 %
d'une part, et	
1. Université	5,2 %
2. École Pigier	6,0 %
d'autre part.	

Taux extrêmes du **parti radical** (12,7 % en moyenne) dans la ville intra-muros :

1. École Pigier	20,3 %
2. École israélite des arts décoratifs	18,0 %
d'une part, et	
1. Lycée des jeunes filles	7,0 %
2. École de l'Académie / École St-Guillaume / École St-Thomas	8,5 %

tische Stärke (in der Innenstadt, der Ruprechtsau, in Neuhof und Königshofen); er nimmt aber nirgends die 1. Stelle ein. Der Parti communiste, der, wie bereits gesagt, in Kronenburg die stärkste Partei ist, steht ausserdem noch 2 Mal an 2. Stelle (in Neudorf und Grüneberg).

3. *Besonders auffallende Ergebnisse in einzelnen Wahllokalen.*

In der Innenstadt, wo der **Parti socialiste** 30,4 % der Stimmen erhielt, sind die extremen Ergebnisse für diese Partei in folgenden Wahllokalen gebucht worden :

nach oben :	
1. Akademieschule	38,5 %
2. St Ludwigsschule	37,9 %
3. Thomasschule	36,6 %
nach unten :	
1. Technische Schule	20,6 %
2. Handwerkskammer	22,7 %
3. École Pigier	22,8 %

Bloc républicain national (30,2% der Stimmen der Innenstadt im Mittel) extreme Resultate:

nach oben :	
1. Lycée des jeunes filles	44,1 %
2. Lycée Kléber	36,3 %
3. Israelitische Kunstgewerbeschule	34,0 %
nach unten :	
1. St. Wilhelmerschule	17,1 %
2. St. Thomasschule	19,6 %

Parti communiste (16,4 % der Stimmen der Innenstadt im Mittel) extreme Resultate :

nach oben :	
1. St. Wilhelmerschule	34,1 %
2. Akademieschule	31,9 %
nach unten :	
1. Universität	5,2 %
2. École Pigier	6,0 %

Parti radical (12,7 % der Stimmen der Innenstadt) extreme Resultate :

nach oben :	
1 École Pigier	20,3 %
2. Israelitische Kunstgewerbeschule	18,0 %
nach unten:	
1. Lycée des jeunes filles	7,0 %
2. Wilhelmerschule / Thomasschule / Akademieschule	8,5 %

Taux extrêmes du **comité républicain national** (10,3 % des suffrages de la ville intra-muros en moyenne) :

1. Chambre des métiers .... 24,4 %
2. Université .... 20,7 %

d'autre part, et

1. École de l'Académie................ 4,0 %
2. École moyenne (bur. N° 13) .... 4,8 %
3. École St-Guillaume .... 4,9 %

Dans la cité la plus populeuse et importante de la banlieue, Neudorf, les taux maxima ont été les suivants : pour le parti socialiste 38,9 % dans l'école du Schluthfeld ; pour le bloc républicain national 34,4 % dans l'école de Hohwarth ; pour le parti communiste 37,6 % dans l'école de la Ziegelau ; pour le parti radical 16,6 % dans l'école de Hohwarth ; pour le comité républicain national 8,3 % dans l'école de Hohwarth. Les taux minima sont, par contre : pour le parti socialiste 25,6 % dans l'école de Hohwarth ; pour le bloc républicain national 20,5 % dans l'école de la Ziegelau ; pour le parti communiste 15,1 % dans l'école de Hohwarth ; pour le parti radical 5 % dans l'école de la Ziegelau ; pour le comité républicain national 3 % dans l'école de la Ziegelau.

Comité républicain national (10,3 % der Stimmen der Innenstadt) extreme Resultate :

nach oben :

1. Handwerkskammer .... 24,4 %
2. Universität .... 20,7 %

nach unten :

1. Akademieschule .... 4,0 %
2. Mittelschule (Stimmlokal Nr. 13) .... 4,8 %
3. Wilhelmerschule .... 4,9 %

In dem grössten und bedeutendsten Vorort Neudorf waren die höchsten Prozentsät..e der Stimmenzahl beim Part socialiste 38,9 % (Schluthfeldschule), beim Bloc républicain national 34,4 % (Hohwartschule) ; beim Parti communiste 37,6 % (Ziegelauschule) ; beim Parti radical 16,6 % (Hohwarthschule) und beim Comité républicain national 8,3 % (Hohwarthschule) ; die niedrigsten sind hingegen festzustellen : beim Parti socialiste 25,6 % (Hohwarthschule) ; beim Bloc républicain national 20,5 % (Ziegelauschule) ; beim Parti communiste 15,1 % (Hohwarthschule) ; beim Parti radical 5 % (Ziegelauschule) und beim Comité républicain national 3 % (Ziegelauschule).

Elections municipales des 3 et 10 mai 1925.

Gemeinderatswahlen vom 3. und 10. Mai 1925.

a) Résultats des 4 sections (Cantons) d'après les bureaux de vote et les candidats.

a) Wahlergebnisse der 4 Sektionen (Kantone) nach Stimmlokalen und Kandidaten.

(Les tableaux sont annexés à la fin du livre).

(Die Tabellen sind am Schluss des Buches eingeheftet).

Elections municipales des 3 et 10 mai 1926. — Gemeinderatswahlen vom 3. und 10. Mai 1926.

b) Répartition des suffrages entre les partis politiques. (Verteilung der Stimmen unter die politischen Parteien.)

a) 1er tour de scrutin. (1. Wahlgang)												Total des suffrages obtenus par le parti (Gesamtstimmenzahl der Parteien) Chiffre absolu / Absolut	en pour cent du total des suffrages / In Prozent d. Gesamtstimmen
A. Parti socialiste (S. F. I. O.)													
Ire Section — Canton Nord	Peirotes	Nægelen	Riehl Charles	Meyer Laurent	Kœnig	Cuvillier	Krohmer	Weill Paul	Kamper	Munio	Willig		
	4 317	3 846	3 788	3 777	3 703	3 670	3 645	3 589	3 588	3 518	3 498	40 939	40,8
IIe Section — Canton Sud	Peirotes	Bohn	Steibel	Pédraglio	Schneider								
	2 146	2 003	2 001	1 986	1 982							10 118	46,7
IIIe Section — Canton Est	Peirotes	Nægelen	Imbs	Riehl Charles	Meyer Laurent	Kunkler	Bohn	Hincker	Munio	Bronner			
	3 615	3 436	3 436	3 410	3 369	3 330	3 312	3 296	3 293	3 222		33 719	42,3
IVe Section — Canton Ouest	Peirotes	Riehl Charles	Meyer Laurent	Imbs	Kœnig	Gabel	Holweg	Kapp	Brandt	Kuhn			
	3 720	3 453	3 449	3 431	3 413	3 375	3 332	3 325	3 310	3 256		34 064	40,9
											Total...	118 840	41,7
B. — Concentration républicaine des intérêts communaux (Union populaire républicaine, Parti républicain démocratique et Parti républicain démocratique social.)													
Ire Section — Canton Nord	Haug Hugo	Frühinsholz	Berninger	Mæchling	Wernert	Ruff	Schies	Friedel	Baumeister	Jest	Blum Lazare		
	3 564	3 478	3 468	3 451	3 413	3 376	3 371	3 369	3 367	3 351	3 338	37 546	37,4
IIe Section — Canton Sud	Haug Hugo	Pflieger	Ruff	Jest	Bræmer								
	1 267	1 250	1 239	1 233	1 221							6 210	28,7
IIIe Section — Canton Est	Pflieger	Greff	Baumeister	Brion Willy	Moser	Weydmann	Krantz	Berninger	Berg	Riehl Edmond			
	2 018	1 992	1 979	1 978	1 974	1 974	1 973	1 972	1 964	1 964		19 788	24,8
IVe Section — Canton Ouest	Brion Willy	Aufschlager	Fuchs	Ortlieb	Weydmann	D[r] Martz	Meck	Greff	Reinagel	Weil Simon			
	2 710	2 701	2 691	2 690	2 688	2 681	2 659	2 658	2 657	2 612		26 747	32,2
											Total...	90 291	31,7
C. — Parti communiste.													
I[re] Section — Canton Nord	Hueber	Walch	Schlagdenhauffen	Armand	Pfister	Marx	Specht	Dollinger	Thœnert	Schluck	Schneider		
	718	660	660	659	658	658	657	657	657	656	651	7 291	7,2
IIe Section — Canton Sud	Bonn	Schott	Gantzer	Bauer	Schaaff								
	631	615	608	607	607							3 068	14,2
IIIe Section — Canton Est	Heysch	Hueber	Dr Singer	Haas	Rœhri	Kley	Kochersperger	Hangstler	Mühlberger	Schweitzer			
	1 932	1 892	1 891	1 876	1 834	1 833	1 831	1 824	1 822	1 818		18 553	23,3
IVe Section Canton Ouest	Mourer	Lorentz	Rohrbacher	Gœtz	Meyer Théoph.	Menges	Rapp	Fassnacht	Schropp	Müller Ch. boucher			
	1 256	1 228	1 222	1 220	1 218	1 218	1 214	1 212	1 211	1 206		12 205	14,7
											Total...	41 117	14,4
D. — Parti radical et radical soc.													
Ire Section — Canton Nord	Oesinger	Dr Hugel	Minck	Mahl	Becker Georges	Petri	Mathis	Daul	Nœppel	Blum Armand	Wolff		
	1 742	1 566	1 539	1 494	1 486	1 440	1 386	1 347	1 329	1 311		14 640	14,6
IIe Section — Canton Sud	Schuler	Trebus	Stambach	Müller Ch. bijoutier	Tillmann								
	485	449	443	436	436							2 249	10,4
IIIe Section — Canton Est	Dahlet	Schuler	Tillmann	Stambach	Sorg	Scherwitz	Mathis	Müller Ch. bijoutier	Daul	Blum Armand			
	894	866	776	761	752	740	721	720	715	697		7 642	9.6
IVe Section — Canton Ouest	Dahlet	Œsinger	Minck	Petri	Mahl	Sorg	Trebus	Frankhauser	Nœppel	Krugell			
	1 174	1 118	1 039	1 035	1 021	976	972	956	948	945		10 184	12,2
											Total...	34 715	12,2

Aucun des candidats n'a réuni les conditions exigées par la loi pour être élu au 1er tour.

Kein Kandidat erfüllte die gesetzlichen Bedingungen um beim 1. Wahlgang gewählt zu sein.

b) 2e tour de scrutin (2. Wahlgang).

												Total des suffrages obtenus par le parti Gesamtstimmenzahl der Parteien	
												Chiffre absolu Absolut	en pour cent du total des suffrages in Prozent d. Gesamtstimmen
A. — Cartel des gauches (Parti socialiste et Parti radical)													
Ire Section — Canton Nord …	**Peirotes**	**Cuvillier**	**Krohmer**	**Becker Georges**	**Kamper**	**Nægelen**	**Dr Hügel**	**Kœnig**	**Oesinger**	**Mink**	**Willig**		
	5 555	5 317	5 308	5 298	4 966	4 920	4 899	4 846	4 813	4 791	4 755	55 468	67,6
IIe Section — Canton Sud…..	**Steibel**	**Bohn**	**Pédraglio**	**Schneider**	**Schuler**								
	1 986	1 978	1 970	1 967	1 960							9 861	57,2
IIIe Section — Canton Est ….	**Riehl Charles**	**Meyer Laurent**	**Munio**	**Kunkler**	**Dahlet**	**Hincker**	**Tillmann**	**Weill Paul**	**Stambach**	**Bronner**			
	3 799	3 783	3 774	3 772	3 744	3 739	3 723	3 719	3 716	3 682		37 451	59,7
IVe Section — Canton Ouest ..	**Imbs**	**Holweg**	**Brandt**	**Gabel**	**Kapp**	**Mahl**	**Kuhn**	**Petri**	**Trebus**	**Muller Ch. bijoutier**			
	3 992	3 966	3 951	3 799	3 741	3 652	3 647	3 596	3 554	3 371		37 269	53,9
											Total…	140 049	60,6
B. — Concentration républicaine des intérêts communaux. (Union populaire républicaine ; parti démocratique républicain et parti républicain démocratique social).													
Ire Section — Canton Nord …	**Haug Hugo**	**Mæchling**	**Wernert**	**Frühinsholz**	**Berninger**	**Schies**	**Ruff**	**Jest**	**Friedel**	**Baumeister**	**Blum Lazare**		
	2 685	2 625	2 603	2 603	2 600	2 572	2 387	2 068	2 068	1 903	1 812	25 926	31,6
IIe Section — Canton Sud…..	**Pflieger**	**Haug Hugo**	**Ruff**	**Jest**	**Braemer**								
	683	643	403	401	396							2 526	14,6
IVe Section — Canton Ouest ..	**Weydmann**	**Dr Marck**	**Meck**	**Fuchs**	**Brion Willy**	**Greff**	**Ortlieb**	**Reinagel**	**Weil Simon**	**Aufschlager**			
	1 965	1 937	1 926	1 908	1 635	1 594	1 550	835	818	488		14 651	21,2
											Total…	43 103	18,6

C. parti communiste.													
IIe Section — Canton Sud…..	**Bonn**	**Schott**	**Schaaff**	**Gantzer**	**Bauer**								
	999	975	697	969	694							4 061	23,5
IIIe Section — Canton Est ….	**Heysch**	**Hueber**	**Haas**	**Kley**	**Rœhri**	**Hengstler**	**Kochersperger**	**Mühlberger**	**Schluck**	**Schlagdenhauffen**			
	2 278	2 221	2 184	2 114	2 110	2 106	2 088	2 085	1 001	1 595		20 742	33,1
IVe Section — Canton Ouest ..	**Mourer**	**Meyer Paul**	**Lorentz**	**Meyer Théoph.**	**Gœtz**	**Schropp**	**Röhrbacher**	**Rapp**	**Menges**	**Fastnacht**			
	2 417	2 297	2 266	1 383	1 304	1 179	1 080	1 078	1 071	995		15 070	21,8
											Total…	39 873	17,3

D. — Divers

Nord

Hueber	**Haas**	**Autres**
232	194	213

Sud

Peirotes	**Autres**
328	477

Est

Pflieger	**Autres**
1 004	3 498

Ouest

Wendling	**Lichty**	**Karotsch**	**Schies**	**Autres**
519	506	493	324	286

Nord …	639	0,8
Sud ….	805	4,7
Est…..	4 502	7,2
Ouest ..	2 128	3,1
Total…	8 074	3,5

Pour le 2e tour de scrutin, le parti socialiste et le parti radical ont formé le **cartel des gauches** et ont présenté une liste commune qui a recueilli 60,6 % du total des **suffrages : 67,6 %** des suffrages dans la 1re section (Canton Nord); 57,2 % dans la 2e section (Canton Sud); 59,7 % dans la 3e section (Canton Est) et 53,9 % dans la 4e section (Canton Ouest). Ont ainsi été élus : 25 socialistes et 11 radicaux.

Beim 2. Wahlgang haben der Parti socialiste und der Parti radical das Linkskartell gebildet und eine gemeinsame Liste herausgegeben, welche 60,6 % der Gesamtstimmen auf sich vereinigte : 67,6 % der Stimmen in der 1. Sektion (Kanton Nord) ; 57,2 % in der 2. Sektion (Kanton Süd) ; 59,7 % in der 3. Sektion (Kanton Ost) und 53,9 % in der 4. Sektion (Kanton West). So wurden gewählt 25 Sozialisten und 11 Radikale.

Ont été proclamés membres du Conseil municipal comme réunissant les conditions prévues par la loi :

Es wurden als gewählt proklamiert:

CANTON NORD

JACQUES PEIROTES (soc.)
Député du Bas-Rhin
Conseiller Général
Maire sortant

FRANÇOIS ŒSINGER (rad.)
Avocat, Adjoint au maire et Conseiller sortant

GEORGES BECKER (rad.)
Industriel, Membre du comité de la Bourse de commerce

MARCEL-EDMOND NÆGELEN (soc.)
Professeur à l'Ecole normale

Dr GEORGES HUGEL (rad.)
Professeur chargé de Cours à la Faculté de médecine

EMILE KAMPER (soc.)
Restaurateur
Conseiller sortant

AUGUSTE KŒNIG (soc.)
Rédacteur en chef de la «Presse libre»

LUCIEN MINCK (rad.)
Publiciste, Propriétaire d'imprimerie

ARMAND CUVILLIER (soc.)
Professeur, Agrégé de l'Université

GUSTAVE KROHMER (soc.)
Représentant de l'Imprimerie Populaire
Conseiller sortant

GUILLAUME WILLIG (soc.)
Serrurier

CANTON SUD

CHARLES SCHULER (rad.)
Propriétaire d'imprimerie
Conseiller sortant

EMILE BOHN (soc.)
Tailleur
Conseiller sortant

JEAN STEIBEL (soc.)
Membre du Comité directeur de la Coopérative de Strasbourg et Environs
Conseiller sortant

GUILLAUME PEDRAGLIO (soc.)
Employé
Conseiller sortant

GUILLAUME SCHNEIDER (soc.)
Compositeur-typographe

CANTON EST

LAURENT MEYER (soc.)
Conseiller Général
Adjoint au Maire sortant

CHARLES RIEHL (soc.)
Président de la Fédération des Coopératives d'Alsace
Membre du Comité du Réseau d'Alsace et de Lorraine
Conseiller sortant

CAMILLE DAHLET (rad.)
Rédacteur en chef du Journal «La République»

CHARLES HINCKER (soc.)
Secrétaire fédéral du Parti socialiste du Bas-Rhin

ANTOINE MUNIO (soc.)
Secrétaire du syndicat des ouvriers du bâtiment

JACQUES STAMBACH (rad.)
Architecte

CHARLES KUNKLER (soc.)
Rédacteur-Gérant de la «Presse Libre»

GUILLAUME TILLMANN (rad.)
Propriétaire
Ancien membre du Conseil municipal

PAUL WEILL (soc.)
Commerçant
Ancien membre du Conseil municipal

FRÉDÉRIC BRONNER (soc.)
Encaisseur

CANTON OUEST

EUGÈNE IMBS (soc.)
Président de l'Union des syndicats ouvriers du Bas-Rhin
Conseiller sortant

PAUL PETRI (rad.)
Industriel
Conseiller sortant

JOSEPH GABEL (soc.)
Secrétaire du syndicat des services publics
Conseiller sortant

ALPHONSE KAPP (soc.)
Maître-menuisier
Conseiller sortant

GEORGES MAHL (rad.)
Directeur de l'Off. sup. des Ass. Soc.

CHARLES MULLER (rad.)
Bijoutier

AUGUSTE BRANDT (soc.)
Secrétaire du syndicat de l'alimentation

PHILIPPE TREBUS (rad.)
Receveur des postes
Membre du Comité du syndicat des locataires

EDOUARD HOLWEG (soc.)
Secrétaire du syndicat des employés

AUGUSTE KUHN (soc.)
Electricien

Tous les candidats du Cartel des Gauches ont été exclusivement élus.

Alle Kandidaten des Linkskartells wurden ausschliesslich gewählt.

c) Diagrammes

de la répartition proportionnelle des suffrages exprimés entre les partis politiques AU 1er TOUR DE SCRUTIN des élections municipales du 3 mai 1925.

c) Graphische Darstellungen

der prozentualen Verteilung der abgegebenen Stimmen auf die politischen **Parteien beim 1. Wahlgang** der Gemeinderatswahlen vom 3. Mai 1925.

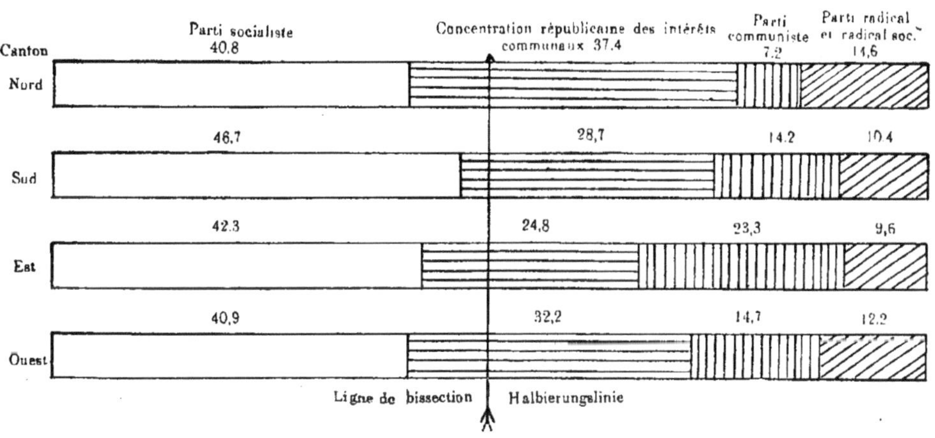

(Les chiffres indiquent le pourcentage des voix obtenues par chaque parti.)
(Die Ziffern geben den Prozentsatz der von jeder Partei erhaltenen Stimmen an.)

d) Observations sur les élections municipales des 3 et 10 mai 1925.

d) Bemerkungen, betreffend die Gemeinderatswahlen vom 3. und 10. Mai 1925.

1. **Pourcentage des votants; abstentions.**

Le pourcentage des votants aux élections municipales des 3 et 10 mai 1925 a été un peu inférieur à celui des élections législatives du 11 mai 1924; cependant il peut encore être considéré comme élevé dans tous les 4 cantons. Au deuxième tour de scrutin, il est moins fort qu'au premier.

Les pourcentages sont les suivants :

1. **Wahlbeteiligung — Wahlenthaltungen.**

Die Wahlbeteilig ng bei den Gemeinderatswahlen vom 3. und 10. Mai 1925 war etwas geringer als bei den Kammerwahlen vom 11. Mai 1924, ist aber immer noch als stark anzusehen, und zwar in allen 4 Sektionen. Beim zweiten Wahlgang ist sie schwächer als im ersten gewesen.

Die Prozentsätze der Beteiligung sind:

	Canton			
	Nord	Ouest	Est	Sud
1er tour (3 mai 1925) .... 1. Wahlgang	77,6 %	76,8 %	79,2 %	78,0 %
2e tour (10 mai 1925) .... 2. Wahlgang	66,4 %	67,1 %	68,8 %	67,3 %

Au canton Est (Neudorf-Krutenau), le chiffre relatif des votants est le plus élevé et cela aux deux tours de scrutin, Les autres cantons le suivent de très près.

Der Kanton Ost (Neudorf—Krutenau) weist die stärkste Wahlbeteiligung an beiden Tagen auf. Die anderen Kantone folgen in geringem Abstand.

2. **Répartition proportionnelle des suffrages entre les partis politiques.**

2. **Verteilung der Stimmen auf die Parteien.**

Die Verteilung der Gesamtstimmen war folgende:

	Parti socialiste (S. F. I. O.)	Concentration républicaine (bloc rép. nat.)	Parti communiste	Parti radical
1er tour (3 mai 1925) .... 1. Wahlgang	41,7 %	31,7 %	14,4 %	12,2 %
	Cartel des gauches			Divers
2e tour (10 mai 1925) .... 2. Wahlgang	60,6 %	18,6 %	17,3 %	3,5 %

Au 2e tour de scrutin il n'a pas été présenté de candidats: au canton Est (Neudorf-Krutenau) par la concentration républicaine (les partis de droite) et au canton Nord par le parti communiste.

Les taux des suffrages obtenus **au premier tour** de scrutin par le parti socialiste (S. F. I. O.) oscillent entre 40,8 % au canton Nord et 46,7 % au canton Sud, moyenne 41,7 %; ceux de la concentration républicaine (partis de droite) entre 24,8 % au canton Est et 37,4 % au canton Nord, moyenne 31,7 %; ceux du parti communiste entre 7,2 % au canton Nord et 23,3 % au canton Est, moyenne 14,4 %; ceux du parti radical entre 9,6 % au canton Sud et 14,6 % au canton Nord, moyenne 12,2 %. Le premier tour de scrutin n'a apporté aucun résultat, aucun des candidats n'ayant obtenu la majorité absolue des suffrages exprimés.

Au **deuxième tour** de scrutin les taux des suffrages obtenus par le **Cartel des Gauches** (partis socialiste et radical) oscillent entre 67,6 % au canton Nord et 53,9 % au canton Ouest, moyenne 60,6 %; ceux de la concentration républicaine entre 14,6 % au canton Sud et 31,6 % au canton Nord (le parti n'a pas présenté de candidats au

Beim 2. Wahlgang hatten keine Kandidaten aufgestellt: Die Concentration républicaine (die Rechtsparteien) im Kanton Ost (Neudorf—Krutenau) und der Parti communiste im Kanton Nord.

Der Prozentsatz der auf den Parti socialiste entfallenden Stimmen schwankt im **1. Wahlgang** zwischen 40,8 im Kanton Nord und 46,7% im Kanton Süd, Mittel 41,7 %; derjenige der Concentration républicaine (der Rechtsparteien) zwischen 24,8 % im Kanton Ost und 37,4 % im Kanton Nord, Mittel 31,7 %; derjenige des Parti communiste zwischen 7,2 im Kanton Nord und 23,3 % im Kanton Ost, Mittel 14,4 %; derjenige des Parti radical zwischen 9,6 % im Kanton Süd und 14,6 % im Kanton Nord, Mittel 12,2 %. Der erste Wahlgang war resultatlos, da kein Kandidat die absolute Mehrheit der Stimmen erhielt.

Im **zweiten Wahlgang** schwankten für das Cartel des Gauches die Prozentsätze der erhaltenen Stimmen zwischen 67,6 % im Kanton Nord und 53,9 % im Kanton West, Mittel 60,6 %; diejenigen der Concentration républicaine zwischen 14,6 % im Kanton Süd und 31,6 % im Kanton Nord (im Kanton Ost hatte sie keine Kandidaten

canton Est); ceux du parti communiste, entre 23,5 % au canton Sud et 35,1 % au canton Est.

Le **Cartel des Gauches** qui a réuni en moyenne 60,6% des suffrages exprimés au deuxième tour, a obtenu tous les 36 sièges dont 25 pour des membres du parti socialiste et 11, soit un tiers, pour des membres du parti radical qui avait réuni au 1er tour de scrutin 12,2 % ou un huitième des suffrages exprimés. La concentration républicaine et le parti communiste, qui avaient réuni respectivement 31,7 % ou 14,4 %, soit un tiers ou un septième des suffrages exprimés au 1er tour, n'ont obtenu aucun siège.

e) Installation du Conseil municipal. Élection du Maire et des Adjoints. 1re Séance du Conseil municipal du 16 mai 1925 à 11 heures.

Etaient présents 35 Conseillers municipaux.

Absent : Monsieur Willig, qui est excusé.

M. Riehl, le plus âgé des membres du Conseil, a pris la présidence ; le Conseil a choisi pour secrétaire M. Holweg.

aufgestellt); diejenigen des Parti communiste, zwischen 23,5 % im Kanton Süd und 33,1% im Kanton Ost (im Kanton Nord hatte diese Partei keine Kandidaten aufgestellt).

Das **Cartel des Gauches** (60,6 % der Stimmen) erhielt im zweiten Wahlgang alle 36 Sitze; 25 Sitze fielen auf Mitglieder des Parti socialiste und 11 oder ein Drittel auf Mitglieder des Parti radical, der im 1. Wahlgang im Mittel 12,2 %, d. h. ein Achtel der Gesamtstimmen, auf sich vereinigte. Die Concentration républicaine und der Parti communiste, die im 1. Wahlgang 31,7 bezw. 14,4 %, d. h. etwa ein Drittel bezw. ein Siebtel oder insgesamt 46,1 % der abgegebenen Stimmen auf sich vereinigten, gingen leer aus.

e) Amtseinführung des Gemeinderats. Wahl des Maire und der Beigeordneten. 1. Sitzung des Gemeinderats vom 16. Mai 1925, 11 Uhr vorm.

Anwesend waren 35 Gemeinderatsmitglieder.

Abwesend mit Entschuldigung : Herr Willig.

Nach der Amtseinführung des Gemeinderats durch den bisherigen Maire übernimmt Herr Riehl als ältestes Mitglied den Vorsitz ; der Gemeinderat wählt als Schriftführer Herrn Holweg.

Election du Maire. — Wahl des Maire

1er tour de scrutin. — 1. Wahlgang :

Le dépouillement du vote a donné les résultats ci-après :
Die Stimmenzählung hatte folgendes Ergebnis :

Nombre des bulletins trouvés dans l'urne Zahl der in der Urne vorgefundenen Zettel	35
A déduire : bulletins blancs davon ab : weisse Zettel	1
Reste pour le nombre des suffrages exprimés Bleiben gültige Stimmen	34
Majorité absolue Absolute Stimmenmehrheit	18
A obtenu Monsieur Peirotes, maire sortant Es hat erhalten :	34 voix.

Monsieur Peirotes a été proclamé Maire.
Monsieur Peirotes wurde als Maire ausgerufen.

Election des 5 adjoints au maire sous la Présidence de Monsieur Peirotes, élu Maire.
Wahl der 5 Beigeordneten unter dem Vorsitz des zum Maire gewählten Herrn Peirotes.

1er tour de scrutin — Erster Wahlgang

	1er Adjoint	2e Adjoint	3e Adjoint	4e Adjoint	5e Adjoint
Nombre des bulletins trouvés dans l'urne .... Zahl der in der Urne vorgefundenen Stimmzettel	35	35	35	35	35
A déduire : bulletins blancs .... Ungültige Stimmenabgabe	1	4	1	4	1
Reste pour le nombre des suffrages exprimés .... Gültige Stimmzettel	34	31	34	31	34
Majorité absolue .... Absolute Mehrheit	18	18	18	18	18
Ont obtenu (voix) .... Es erhielten (Stimmen)	Meyer **34**	Oesinger **31**	Imbs **34**	Minck **31**	Nægelen **34**

Le Président a déclaré MM. Meyer, Oesinger, Imbs, Minck et Naegelen installés en qualité d'adjoints au maire.
Der Vorsitzende hat die Herren Meyer, Oesinger, Imbs, Minck und Nægelen als Beigeordnete eingeführt erklärt.

Le Maire :	Le Doyen d'âge :	Le secrétaire :
signé : **Peirotes.**	signé : **Riehl.**	signé : **Holweg.**

V. ÉLECTIONS AU CONSEIL GÉNÉRAL dans les cantons EST et OUEST des 19 et 26 Juillet 1925.

V. GENERALRATSWAHLEN in den Kantonen OST und WEST vom 19. und 26. Juli 1925.

1er Tour.
1. Wahlgang.
2e Tour.
2. Wahlgang.

a) Résultats dans les différents bureaux de vote.

a) Ergebnisse in den einzelnen Stimmlokalen.

1. Canton Est.

Bureau de vote / Stimmlokal — Nº	Lieu / Ort	Nombre des électeurs / Zahl der Wähler — inscrits / eingeschrieben	Votants d'après la feuille d'émargement / Wählende nach der Anteichnungsliste der Stimmlokale — en % des électeurs inscrits / in % der eingeschriebenen Wähler	chiffres absolus / absolut	Nombre des bulletins trouvés dans l'urne / Zahl der in der Urne vorgefundenen Stimmzettel	Nombre des bulletins / Zahl der Stimmzettel — en sus des émargements / mehr als in der Einschreibeliste eingetragene Namen	en moins / weniger als in der Einschreibeliste eingetragene Namen	Bulletins non valables / Ungültige Stimmzettel	Weill Georges — Parti socialiste, Cartel des gauches	Heysch Michel — Parti communiste	Arbogast Joseph — Bloc républicain national	Nast Marcel — Comité républicain national	Divers
3	Lycée des jeunes filles	969	29,6	287	288	1	—	6	108	37	111	25	
		969	*39,0*	*378*	*378*	—	—	*20*	*202*	*123*	*31*	*2*	
11	École de l'Académie.......	1 119	32,4	362	361	—	1	1	170	105	54	32	
		1 119	*42,4*	*474*	*474*	—	—	*13*	*280*	*151*	*30*	—	
12	École St-Guillaume	977	31,1	304	302	—	2	3	120	113	48	20	
		977	*44,6*	*436*	*436*	—	—	*22*	*184*	*203*	*27*	—	
13	École moyenne, 3, place Ste-Madeleine	1 209	30,4	367	367	—	—	9	137	98	102	21	
		1 209	*40,1*	*485*	*485*	—	—	*23*	*224*	*190*	*47*	*1*	
29	École de la Ziegelau	1 178	38,2	451	451	—	—	10	150	210	73	8	
		1 178	*47,6*	*561*	*561*	—	—	*16*	*189*	*348*	*8*	—	
30	École de la Ziegelau	1 217	34,6	422	422	—	—	8	160	162	80	12	
		1 217	*49,4*	*601*	*601*	—	—	*12*	*243*	*326*	*20*	—	
31	Nouvelle école de la Musau	1 239	30,2	374	374	—	—	4	135	132	91	12	
		1 239	*41,8*	*518*	*518*	—	—	*13*	*221*	*268*	*14*	*2*	
32	École du Schluthfeld......	1 291	29,5	381	381	—	—	7	173	102	86	13	
		1 291	*44,8*	*578*	*577*	—	*1*	*15*	*298*	*227*	*37*	—	
33	Baraque d'école à la Hohwarth..................	241	17,8	43	42	—	1	1	23	6	8	5	
		241	*33,6*	*81*	*81*	—	—	*1*	*42*	*23*	*15*	—	
34	École du Neufeld.........	1 184	32,1	380	380	—	—	7	132	105	108	28	
		1 184	*42,0*	*497*	*497*	—	—	*15*	*231*	*232*	*19*	—	
	Totaux.....	10 624	31,7	3 371	3 368	1	4	56	1 308	1 070	761	176	
		10 624	*43,4*	*4 609*	*4608*	—	*1*	*150*	*2 114*	*2 091*	*248*	*5*	

Résultat du 1er tour : — Ergebnis des 1. Wahlgangs:

Électeurs inscrits	10 624
Dont le quart	2 656
Nombre des votants ..	3 371
Bulletins non valables..	56
Suffrages exprimés	3 315
Majorité absolue	1 658

M. Georges Weill (Parti social.) a obtenu 1308 voix, soit 12,3 % des électeurs inscrits et 38,8 % des votants.
erhielt Stimmen, gleich der eingeschriebenen Wähler und der Wählenden.

M. Michel Heysch (Parti com.) a obtenu 1 070 voix, soit 10,1 % des électeurs inscrits et 31,7 % des votants.
erhielt Stimmen, gleich der eingeschriebenen Wähler und der Wählenden.

Aucun des candidats n'a réuni les conditions exigées par la loi pour être élu.
Kein Kandidat hat im 1. Wahlgang die gesetzlichen Bedingungen erfüllt, um gewählt zu werden.

Résultat du 2e tour : — Ergebnis des 2. Wahlgangs:

A été proclamé élu : M. Weill Georges, député du Bas-Rhin (Cartel des gauches).
Es wurde gewählt :

M. Weill Georges, député du Bas-Rhin, a été élu avec 2 114 voix, soit 45,9 % des votants et 19,9 % des électeurs inscrits.
wurde gewählt mit Stimmen, gleich der Wählenden und der eingeschriebenen Wähler.

M. Heysch Michel (Parti communiste) l'a suivi de très près, avec 2 091 voix, soit 45,4 % des votants.
folgt ganz nahe mit Stimmen, gleich der Wählenden.

1er Tour.
1. Wahlgang.
2e *Tour.*
2. Wahlgang.

2. Canton Ouest.

N°	Bureau de vote / Stimmlokal — Lieu / Ort	Nombre des électeurs / Zahl der Wähler — inscrits / eingeschrieben	votants d'après la feuille d'émargement / Wählende nach der Aufstreichungsliste der Stimmlokale — en % des électeurs inscrits / in % der eingeschriebenen Wähler	votants — chiffres absolus / absolut	Nombre des bulletins trouvés dans l'urne / Zahl der in der Urne vorgefundenen Stimmzettel	Nombre des bulletins / Zahl der Stimmzettel — en sus des émargements / mehr als in der Einschreibeliste eingetragene Namen	en moins / weniger als in der Einschreibeliste eingetragene Namen	Bulletins non valables / Ungültige Stimmzettel	Répartition des suffrages exprimés / Stimmenverteilung — Koessler Louis, Parti socialiste, Cartel des gauches	Spiesser Victor, Bloc républicain national	Meyer Paul, Parti communiste	Dr Hügel Georges, Parti radical socialiste, Cartel des gauches	Divers
16	Cercle catholique St-Aloyse, rue du Hohwald	1 079	27,7	296	296	—	—	4	113	80	62	37	—
		1 079	35,2	*377*	*377*	—	—	*13*	*224*	*134*	*6*	—	—
17	École Ste-Aurélie	1 199	27,0	324	324	—	—	5	121	81	66	51	—
		1 199	*33,2*	*398*	*398*	—	—	*11*	*241*	*142*	*3*	*1*	—
21	Lycée Kléber (St-Jean)	663	18,4	122	122	—	—	1	39	30	35	18	—
		663	*21,9*	*145*	*145*	—	—	*10*	*79*	*56*	—	—	—
22	École Ste-Aurélie	942	24,5	231	231	—	—	4	73	74	48	29	—
		942	*30,6*	*288*	*288*	—	—	*11*	*142*	*130*	*4*	—	*1*
23	École primaire St-Jean	978	28,4	278	278	—	—	2	78	84	72	42	—
		978	*32,9*	*322*	*322*	—	—	*11*	*177*	*134*	—	—	—
24	Halle du marché (quai Kléber	1 370	24,1	330	330	—	—	8	103	99	52	66	2
		1 370	*31,5*	*432*	*432*	—	—	*11*	*249*	*169*	*3*	—	—
36	Ancienne école protestante (Kœnigshoffen)	643	34,4	221	221	—	—	2	76	81	32	30	—
		643	*38,6*	*248*	*248*	—	—	*9*	*122*	*112*	*2*	*3*	—
37	Nouvelle école Kœnigshoffen	1 063	32,3	343	343	—	—	5	126	100	88	24	—
		1 063	*38,9*	*413*	*413*	—	—	*19*	*220*	*174*	—	—	—
38	Ancienne école catholique Cronenbourg	1 010	32,0	323	323	—	—	—	111	98	87	25	—
		1 010	*39,4*	*398*	*398*	—	—	*14*	*209*	*175*	—	—	—
39	École protestante de garçons Cronenbourg	1 146	34,7	398	398	—	—	3	113	180	110	36	—
		1 146	*37,5*	*430*	*430*	—	—	*13*	*175*	*238*	*4*	—	—
40	École du Gliesberg	1 119	30,4	340	340	—	—	4	110	80	122	24	—
		1 119	*35,5*	*397*	*397*	—	—	*27*	*205*	*165*		—	—
	Totaux.....	11 212	28,6	3 206	3 206	—	—	38	1 063	943	774	382	2
		11 212	*34,3*	*3 848*	*3 848*	—	—	*149*	*2 043*	*1 629*	*22*	*4*	*1*

Résultats du 1er tour : — Ergebnis des 1. Wahlgangs:

Électeurs inscrits	11 212
Dont le quart	2 803
Nombre de votants ..	3 206
Bulletins non valables	38
Suffrages exprimés	3 168
Majorité absolue	1 585

M. Kœssler Louis (Parti social.), a obtenu (erhielt) 1 063 voix, soit (Stimmen, gleich) 9,5 % des électeurs inscrits et (der eingeschriebenen Wähler und) 33,2 % des votants (der Wählenden).

M. Spiesser Victor (Bloc rép. nat.) a obtenu (erhielt) 943 voix, soit (Stimmen, gleich) 8,4 % des électeurs inscrits et (der eingeschriebenen Wähler und) 29,4 % des votants (der Wählenden).

Aucun des candidats n'a réunit les conditions exigées par la loi pour être élu.
Kein Kandidat hat im 1. Wahlgang die gesetzlichen Bedingungen erfüllt, um gewählt zu werden.

Résultats du 2e tour : — Ergebnis des 2. Wahlgangs:

A été proclamé élu : M. **Kœssler Louis,** conseiller général sortant.
Es wurde gewählt:

M. Kœssler Louis, conseiller général sortant (Cartel des gauches) a été élu avec (wurde gewählt mit) 2043 voix, soit (Stimmen, gleich) 18,2% des électeurs inscrits et (der eingeschriebenen Wähler und) 53,1 % des votants (der Wählenden).

M. Spiesser Victor a obtenu (erhielt) 1 629 voix, soit (Stimmen, gleich) 42,3 % des votants (der Wählenden).

B. Diagrammes de la répartition des suffrages exprimés entre les partis politiques avec indication de pourcentage des abstentions.

B. Graphische Darstellung der Stimmenverteilung auf die politischen Parteien mit Angabe des Prozentsatzes der Wahlenthaltungen.

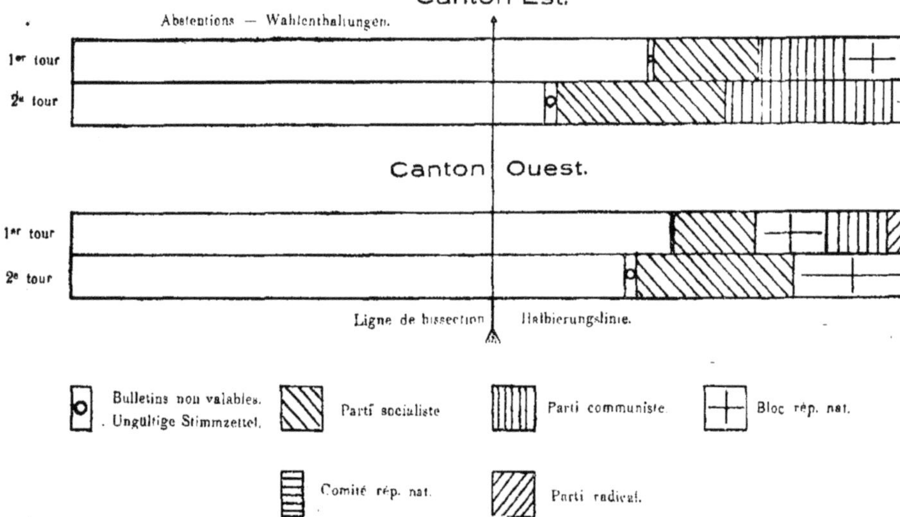

C. Observations concernant les élections au Conseil Général des 19 et 26 juillet 1925

C. Bemerkungen, betreffend die Generalratswahlen vom 19. und 26. Juli 1925.

Aux élections législatives du 11 mai 1924 on a déjà constaté **à Strasbourg** une augmentation du pourcentage des abstentions par rapport aux élections du 16 novembre 1919 ; mais ce chiffre s'est accru bien plus fortement, si l'on compare les élections au Conseil Général des 19 et 26 juillet 1925 avec celles de mai 1922, de décembre 1919, de 1912, etc. Tandis qu'aux élections cantonales antérieures la moitié des électeurs s'étaient en règle générale abstenus, ce taux s'est élevé au premier tour de scrutin du 19 juillet 1925 à presque 70 % au canton Est et à beaucoup plus que 70 % au Canton Ouest ! Au 2e tour, ce taux s'est réduit un peu. Une telle indifférence des électeurs n'a été observée dans aucun autre canton du Bas-Rhin !

En novembre et décembre 1919 ont eu lieu presque simultanément les élections législatives, municipales et cantonales, mais malgré cela les abstentions ont été beaucoup moins nombreuses à la fin de cette longue période électorale.

Ont été élus :

1° Canton Est (Neudorf-Krutenau): Monsieur Georges Weill, député (soc.), avec 45,9 % des suffrages exprimés par 19,9 % des électeurs inscrits. Son principal concurrent, M. Michel Heysch (com.) a obtenu 45,4 % des voix et n'a succombé qu'avec 23 voix de moins que le premier.

2° Canton Ouest : Monsieur Louis Kœssler (soc.), avec 53,1 % des suffrages exprimés par 18,2 % des électeurs inscrits. Son concurrent, M. Spiesser Victor (Bloc républicain national) a obtenu 42,3 % des voix.

Wenn die Kammerwahlen vom 11. Mai 1924 gegenüber denjenigen vom 16. November 1919 in **Strassburg** eine etwas schwächere Wahlbeteiligung aufweisen, so trifft dies noch in weit grösserem Masse zu bei dem Vergleich der Generalratswahlen vom 19. u. 26. Juli 1925 einerseits und denjenigen vom Mai 1922 und Dezember 1919 sowie den früheren anderseits. Während bei den früheren Generalratswahlen nur die Hälfte der Wählerschaft im allgemeinen sich enthielt, betrug diesmal der Prozentsatz der Enthaltungen im Kanton Ost beim 1. Wahlgang fast 70 und im Kanton West sogar weit über 70 ! Beim 2. Wahlgang ist diese Ziffer allerdings leicht zurückgegangen. Diese ausserordentliche Wahlflauheit ist in keinem andern Kanton des Bas-Rhin festgestellt worden ! Trotzdem im November und Dezember 1919 fast zugleich Kammer-, Gemeinderats- und Generalratswahlen stattfanden, ist die Wahlbeteiligung bei den Generalratswahlen am Ende dieser langen Wahlperiode bedeutend stärker gewesen.

Es wurden gewählt : im Kanton Ost : Député Georges Weill (soc.) mit 45,9 % der abgegebenen Stimmen und 19,9 % der eingeschriebenen Wähler, während M. Michel Heysch (com.) 45,4 % der abgegebenen Stimmen erhielt und nur um 23 Stimmen gegenüber dem ersteren unterlag.

2. Im Kanton West : Monsieur Louis Kœssler (soc.) mit 53,1 % der abgegebenen Stimmen und 18,2 % der eingeschriebenen Wähler, während M. Spiesser Victor (Bloc républicain national) 42,3 % der Stimmen auf sich vereinigte.

VI.

ÉLECTIONS

au Conseil d'Arrondissement

a) dans les cantons Nord et Sud les 19 et 26 Juillet 1925;

b) dans les cantons Est et Ouest les 2 et 9 Août 1925.

VI. Kreisratswahlen

a) in den Kantonen Nord und Sud vom 19. und 26. Juli 1925;

b) in den Kantonen Ost und West vom 2. und 9. August 1925.

a) Résultats des Elections au Conseil d'arrondissement des 19 et 26 juillet 1925.

1er Tour.
1. Wahlgang.
2e Tour.
2. Wahlgang.

a) Ergebnisse der Kreisratswahlen vom 19. und 26. Juli 1925.

1. Canton Nord.

Nº	Bureau de vote (Stimmlokal) — Lieu (Ort)	Nombre des électeurs (Zahl der Wähler) — inscrits (eingeschrieben)	Votants d'après la feuille d'émargement (Wählenden nach der Aufzeichnungsliste der Stimmlokale) — en % des électeurs inscrits (in % der eingeschriebenen Wähler)	Votants — chiffres absolus (absolut)	Nombre des bulletins trouvés dans l'urne (Zahl der in der Urne vorgefundenen Stimmzettel)	Nombre des bulletins (Zahl der Stimmzettel) — en sus des émargements (mehr als in der Einschreibeliste eingetragene Namen)	Nombre des bulletins — en moins (weniger als in der Einschreibeliste eingetragene Namen)	Bulletins non valables (Ungültige Stimmzettel)	Répartition des suffrages exprimés (Stimmenverteilung) — Oesinger François (Parti radical socialiste, Cartel des gauches)	Weill Paul (Parti socialiste, Cartel des gauches)	Andrès Auguste (Bloc républicain national)	Dorffer Charles (Bloc républicain national)	Divers
1	Hôtel de Ville	663	10,4	69	69	—	—	13	48	51	—	—	5
		663	*23,7*	*157*	*157*	—	—	*5*	*102*	*102*	*50*	*50*	—
4	Lycée Kléber (Palais)	1 052	8,0	84	84	—	—	21	55	55	—	—	7
		1 052	*19,8*	*208*	*208*	—	—	*8*	*107*	*109*	*88*	*86*	*5*
5	École israélite du Travail	1 007	5,5	55	55	—	—	7	47	44	—	—	1
		1 007	*21,3*	*214*	*214*	—	—	*2*	*111*	*111*	*96*	*94*	*4*
6	Chambre des Métiers	1 050	6,0	63	63	—	—	20	39	36	—	—	4
		1 050	*19,3*	*203*	*203*	—	—	*6*	*112*	*114*	*80*	*80*	*5*
7	École Pigier	633	5,8	37	37	—	—	9	24	23	—	—	2
		633	*16,1*	*102*	*102*	—	—	*3*	*52*	*51*	*45*	*45*	—
8	Université	1 196	6,0	72	72	—	—	18	53	54	—	—	4
		1 196	*17,6*	*210*	*210*	—	—	*6*	*100*	*101*	*103*	*101*	—
9	École Technique	1 341	10,7	143	143	—	—	18	111	118	—	—	4
		1 341	*26,1*	*350*	*350*	—	—	*12*	*196*	*199*	*134*	*134*	*5*
10	Université	1 169	9,3	109	109	—	—	27	80	79	—	—	2
		1 169	*23,4*	*274*	*274*	—	—	*10*	*155*	*158*	*108*	*105*	—
20	Aubette	642	7,2	46	46	—	—	8	31	31	—	—	7
		642	*16,2*	*104*	*104*	—	—	*5*	*61*	*62*	*33*	*32*	4
25	École Schœpflin	669	6,6	44	44	—	—	6	34	38	—	—	—
		669	*15,5*	*104*	*104*	—	—	*2*	*58*	*58*	*42*	*41*	*1*
26	École primaire, Robertsau rue Bœcklin	1 389	5,1	71	71	—	—	7	59	57	—	—	5
		1 389	*28,9*	*401*	*401*	—	—	*7*	*160*	*159*	*231*	*224*	—
27	École primaire, Robertsau	1 354	8,9	120	120	—	—	15	98	105	—	—	—
		1 354	*24,3*	*329*	*329*	—	—	*3*	*201*	*207*	*117*	*116*	—
28	Tivoli	205	5,4	11	11	—	—	7	4	4	—	—	—
		205	*16,6*	*34*	*34*	—	—	—	*19*	*19*	*15*	*15*	—
	Totaux	12 370	7,5	924	924	—	—	176	683	695	—	—	41
		12 370	*21,7*	*2 690*	*2 690*	—	—	*68*	*1 434*	*1 450*	*1 142*	*1 123*	*24*

Résultat du 1er tour : — Ergebnis des 1. Wahlgangs:

Électeurs inscrits	12 370
Dont le quart	3 093
Nombre des votants	924
Bulletins non valables	176
Suffrages exprimés	748
Majorité absolue	375

M. Oesinger a obtenu (erhielt) 683 voix, soit (Stimmen, gleich) 5,5 % des électeurs inscrits et (der eingeschriebenen Wähler und) 73,9 % des votants (der Wählenden).

M. Weill Paul a obtenu (erhielt) 695 voix, soit (Stimmen, gleich) 5,6 % des électeurs inscrits et (der eingeschriebenen Wähler und) 75,2 % des votants (der Wählenden).

Aucun des candidats n'a réuni les conditions exigées par la loi pour être élu.
Kein Kandidat hat im 1. Wahlgang die gesetzlichen Bedingungen erfüllt, um gewählt zu werden.

Résultat du 2e tour : — Ergebnis des 2. Wahlgangs:

Ont été élus : MM. **Weill Paul** et **Oesinger François** (Cartel des gauches).

Ont été élus (Gewählt wurde) : M. Weill Paul avec (mit) 1 450 voix, soit (Stimmen, gleich) 11,7 % des électeurs inscrits et (% der eingeschriebenen Wähler und) 53,9 % des votants (% der Wählenden).

M. Oesinger François avec (mit) 1 434 voix, soit (Stimmen, gleich) 11,6 % des électeurs inscrits et (der eingeschriebenen Wähler und) 53,3 % des votants (% der Wählenden).

Ont encore obtenu des suffrages (Es erhielten noch) : M. Andrès Auguste 1142 voix, soit (Stimmen gleich) 42,5% des votants et (der Wählenden und) M. Dorffer Charles 1123 voix, soit (Stimmen, gleich) 41,7% des votants (der Wählenden).

1er Tour.
1. Wahlgang.
2e Tour.
2. Wahlgang.

2. Canton Sud.

No	Bureau de vote (Stimmlokal) — Lieu (Ort)	Nombre des électeurs (Zahl der Wähler) — inscrits (eingeschrieben)	votants d'après la feuille d'émargement (Wählende nach der Aufzeichnungsliste der Stimmlokale) — en % des électeurs inscrits (in % der eingeschriebenen Wähler)	votants — chiffres absolus (absolut)	Nombre des bulletins trouvés dans l'urne (Zahl der in der Urne vorgefundenen Stimmzettel)	Nombre des bulletins (Zahl der Stimmzettel) — en sus des émargements (mehr als in der Einschreibeliste eingetragene Namen)	en moins (weniger als in der Einschreibeliste eingetragene Namen)	Bulletins non valables (Ungültige Stimmzettel)	Répartition des suffrages exprimés (Stimmenverteilung) — Bohn Emile (Parti socialiste, Cartel des gauches)	Jest Emile (Bloc républicain national)			Divers
2	École de la Cathédrale....	672 *672*	6,3 *19,8*	42 *133*	42 *133*	— —	— —	9 *7*	32 *71*	— *52*			1 *3*
14	École du Dragon	1 016 *1 016*	14,3 *27,4*	145 *279*	145 *279*	— —	— —	26 *11*	112 *189*	— *80*			— *1*
15	École St-Louis	946 *946*	14,2 *29,8*	134 *282*	134 *282*	— —	— —	31 *7*	103 *175*	— *100*			— —
18	École St-Thomas, salle de gymnastique	942 *942*	9,3 *18,5*	88 *174*	88 *174*	— —	— —	8 5	73 *118*	— *37*			7 *14*
19	École St-Thomas, salle de l'école maternelle	939 *939*	8,5 *20,7*	80 *194*	80 *194*	— —	— —	21 *13*	59 *119*	— *59*			— *3*
35	École protestante du Neuhof	1 328 *1 328*	12,0 *30,6*	159 *406*	159 *406*	— —	— —	9 *8*	150 *238*	— *160*			— —
	Totaux.....	5 843 *5 843*	11,1 *25,1*	648 *1 468*	648 *1 468*	— —	— —	104 *51*	529 *910*	— *488*			8 *21*

Résultat du 1er Tour: — Ergebnis des 1. Wahlgangs:

Électeurs inscrits	5 843
Dont le quart	1 461
Nombre des votants ..	648
Bulletins non valables..	104
Suffrages exprimés	544
Majorité absolue	278

M. Bohn Emile a obtenu 529 voix, soit 9,1 % des électeurs inscrits et 81,6 % des votants.
erhielt Stimmen, gleich der eingeschriebenen Wähler und der Wählenden.

Le candidat ne réunit pas les conditions exigées par la loi pour être élu.
Der Kandidat hat im 1. Wahlgang die gesetzlichen Bedingungen nicht erfüllt, um gewählt zu werden.

Résultat du 2e Tour: — Ergebnis des 2. Wahlgangs:

A été proclamé élu : M. **Bohn Emile** (Cartel des Gauches).
Es wurde gewählt:

A été élu : M. Bohn Emile avec 910 voix, soit 15,6 % des électeurs inscrits et 62 % des votants.
Es wurde gewählt: mit Stimmen oder der eingeschriebenen Wähler und der Wählenden.

M. Jest Emile a obtenu 488 voix, soit 33,2 % des votants.
erhielt Stimmen gleich der Wählenden.

b) Elections au Conseil d'arrondissement des 2 et 9 août 1925.

b) Ergebnisse der Kreisratswahlen vom 2. und 9. August 1925.

1er Tour.
1. Wahlgang.
2e Tour.
2. Wahlgang.

3. Canton Est.

Nº	Bureau de vote / Stimmlokal — Lieu / Ort	Nombre des électeurs / Zahl der Wähler — inscrits / eingeschrieben	votants d'après la feuille d'émargement / Wählende nach der Aufzeichnungsliste der Stimmlokale — en % des électeurs inscrits / in % der eingeschriebenen Wähler	chiffres absolus / absolut	Nombre des bulletins trouvés dans l'urne / Zahl der in der Urne vorgefundenen Stimmzettel	Nombre des bulletins / Zahl der Stimmzettel — en sus des émargements / mehr als in der Einschreibeliste eingetragene Namen	en moins / weniger als in der Einschreibeliste eingetragene Namen	Bulletins non valables / Ungültige Stimmzettel	Répartition des suffrages exprimés / Stimmenverteilung — Dr Hugel Georges, Parti radical socialiste, Cartel des gauches	Arbogast Joseph, Bloc républicain national			Divers
3	Lycée des jeunes filles	966	4,1	40	40	—	—	6	34	—			—
		966	*8,4*	*81*	*81*	—	—	*1*	*34*	*45*			*1*
11	École de l'Académie.......	1 117	4,4	49	49	—	—	6	43	—			—
		1 117	*7,3*	*81*	*81*	—	—	*1*	*49*	*31*			—
12	École St-Guillaume	976	1,7	17	17	—	—	6	11	—			—
		976	*7,3*	*71*	*71*	—	—	*3*	*19*	*49*			—
13	École moyenne, place Ste-Madeleine	1 209	4,1	50	50	—	—	8	41	—			1
		1 209	*10,2*	*123*	*123*	—	—	*3*	*46*	*74*			*1*
29	École de la Ziegelau	1 175	4,4	52	52	—	—	5	47	—			—
		1 175	*8,4*	*99*	*99*	—	—	*9*	*38*	*61*			*1*
30	École de la Ziegelau	1 216	3,6	44	44	—	—	4	39	—			1
		1 216	*7,5*	*91*	*91*	—	—	*1*	*41*	*48*			*1*
31	Nouv. École de la Musau	1 239	3,2	40	40	—	—	7	33	—			—
		1 239	*6,8*	*84*	*84*	—	—	*2*	*39*	*43*			—
32	École du Schluthfeld	1 289	2,5	32	32	—	—	—	29	—			3
		1 289	7,9	*102*	*102*	—	—	*2*	*42*	*58*			—
33	Baraque d'école à la Hohwarth	241	5,4	13	13	—	—	—	13	—			—
		241	7,5	*18*	*18*	—	—	—	*13*	*5*			—
34	École du Neufeld	1 182	3,1	37	37	—	—	2	35	—			—
		1182	*7,5*	*89*	*89*	—	—	*1*	*27*	*60*			*1*
	Totaux.....	10 610	3,5	374	374	—	—	44	325	—			5
		10 610	*7,9*	*839*	*839*	—	—	*23*	*347*	*464*			*5*

Résultat du 1er tour: — Ergebnis des 1. Wahlgangs:

Électeurs inscrits	10 610
Dont le quart	2 653
Nombre des votants ...	374
Bulletins non valables..	44
Suffrages exprimés	330
Majorité absolue	166

M. Dr le Hugel a obtenu 325 voix, soit 3,1 % des électeurs inscrits et 86,9 % des votants.
erhielt Stimmen gleich der eingeschriebenen Wähler und der Wählenden.

Le candidat ne réunit pas les conditions exigées par la loi pour être élu.
Der Kandidat hat im 1. Wahlgang die gesetzlichen Bedingungen nicht erfüllt, um gewählt zu werden.

Résultat du 2e tour: — Ergebnis des 2. Wahlgangs:

A été proclamé élu: M. **Arbogast Joseph** (Bloc républicain national).
Es wurde gewählt:

A été élu: M. Arbogast Joseph avec 464 voix, soit 4,4 % des électeurs inscrits et 55,3 % des votants.
Es wurde gewählt: mit Stimmen, gleich der eingeschriebenen Wähler und der Wählenden.

M. le Dr Hugel a obtenu 347 voix, soit 41,4 % des votants.
erhielt Stimmen, gleich der Wählenden.

1er Tour.
1. Wahlgang.
2e Tour.
2. Wahlgang.

4. Canton Ouest.

N°	Bureau de vote / Stimmlokal — Lieu / Ort	Nombre des électeurs / Zahl der Wähler — inscrits / eingeschrieben	Votants d'après la feuille d'émargement / Wählende nach der Aufsichtsausgabeliste der Stimmlokale — en % des électeurs inscrits / in % der eingeschriebenen Wähler	Votants — chiffres absolus / absolut	Nombre des bulletins trouvés dans l'urne / Zahl der in der Urne vorgefundenen Stimmzettel	Nombre des bulletins / Zahl der Stimmzettel — en sus des émargements / mehr als in der Einschreibeliste eingetragene Namen	en moins / weniger als in der Einschreibeliste eingetragene Namen	Bulletins non valables / Ungültige Stimmzettel	Répartition des suffrages exprimés / Stimmenverteilung — Spiesser Victor, Bloc républicain national	Trebus Philippe, Parti radical socialiste, Cartel des gauches			Divers
16	Cercle catholique St-Aloyse, rue du Hohwald	1 078	10,3	111	112	1	—	2	62	48			—
		1 078	14,7	*159*	*160*	*1*	—	—	*103*	*57*			—
17	École Ste-Aurélie	1 198	8,8	106	106	—	—	3	53	52			—
		1 198	12,7	*152*	*152*	—	—	*1*	*79*	*71*			—
21	Lycée Kléber (St-Jean)	662	4,2	28	28	—	—	—	18	10			—
		662	*6,9*	*46*	*46*	—	—	*1*	*32*	*13*			—
22	École Ste-Aurélie	940	6,9	65	65	—	—	—	37	28			—
		940	*10,4*	*98*	*98*	—	—	*1*	*69*	*28*			—
23	École primaire St-Jean....	977	7,9	77	77	—	—	2	57	18			—
		977	*12,6*	*123*	*123*	—	—	—	*91*	*32*			—
24	Halle du Marché (quai Kléber).................	1 368	5,3	73	73	—	—	2	39	32			—
		1 368	9,7	*133*	*133*	—	—	—	*88*	*45*			—
36	Ancienne école protestante, Kœnigshoffen	642	10,9	70	70	—	—	—	54	16			—
		642	*22,0*	*141*	*141*	—	—	*1*	*99*	*41*			—
37	Nouvelle école, Kœnigshoffen	1 063	10,8	115	115	—	—	3	84	28			—
		1 063	*17,1*	*182*	*182*	—	—	*2*	*117*	*63*			*1*
38	Ancienne école catholique, Cronenbourg	*1 009*	5,5	55	55	—	—	1	39	13			—
		1 009	*15,2*	*153*	*153*	—	—	—	*102*	*51*			—
39	École protestante de garçons, Cronenbourg	1 146	7,9	90	90	—	—	2	75	13			—
		1 146	*15,6*	*179*	*179*	—	—	*2*	*141*	*36*			—
40	École du Gliesberg	1 119	7,0	78	78		—	3	37	38			—
		1 119	*10,3*	*115*	*115*	—	—	*1*	*69*	*45*			—
	Totaux.....	11 202	7,7	868	869	1	—	18	555	296			—
		11 202	*13,2*	*1 481*	*1 482*	*1*	—	*9*	*990*	*482*			*1*

Résultat du 1er tour : — Ergebnis des 1. Wahlgangs:

Électeurs inscrits	11 202
Dont le quart	2 801
Nombre des votants ..	868
Bulletins non valables ..	18
Suffrages exprimés	850
Majortié absolue	426

M. Spiesser Victor a obtenu 555 voix, soit 5 % des électeurs inscrits et 63,9 % des votants.
erhielt Stimmen, gleich der eingeschriebenen Wähler und der Wählenden.

M. Trebus Philippe a obtenu 296 voix, soit 2,6 % des électeurs inscrits et 34,1 % des votants.
erhielt Stimmen, gleich der eingeschriebenen Wähler und der Wählenden.

Aucun des candidats n'a réuni les conditions exigées par la loi pour être élu.
Kein Kandidat hat im 1. Wahlgang die gesetzlichen Bedingungen erfüllt, um gewählt zu werden.

Résultat du 2e tour : — Ergebnis des 2. Wahlgangs:

A été proclamé élu : M. **Spiesser Victor** (Bloc républicain national).
Es wurde gewählt:

A été élu : M. Spiesser Victor avec 990 voix, soit 8,8 % des électeurs inscrits et 66,8 % des votants.
Gewählt wurde mit Stimmen gleich der eingeschriebenen Wähler und der Wählenden.

M. Trebus Philippe a obtenu 482 voix, soit 32,5 % des votants.
erhielt Stimmen, gleich der Wählenden.

b) Diagrammes

des résultats des élections au Conseil d'arrondissement de 1925.

b) Graphische Darstellung

der Ergebnisse der Kreisratswahlen von 1925.

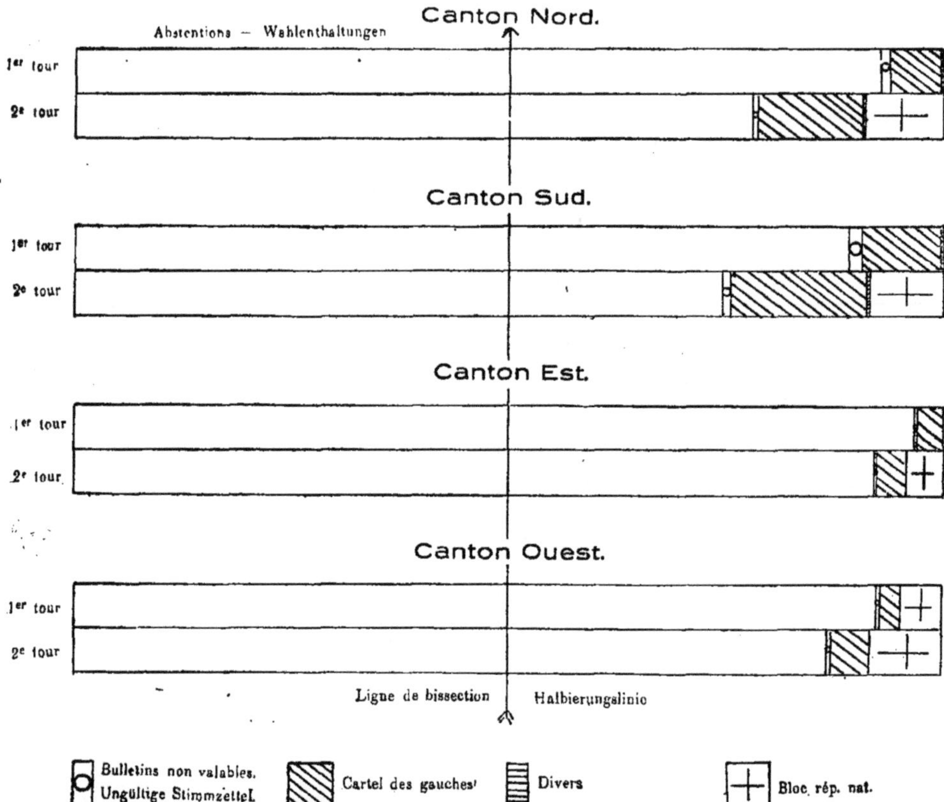

Ont seuls présenté des candidats : Le Cartel des Gauches et le Bloc républicain national. Le premier l'a emporté dans les cantons Nord et Sud, le second dans les 2 autres.

Es haben nur Kandidaten aufgestellt: Das Linkskartell und der Nationalblock. Das erstere hat in den beiden Kantonen Nord und Süd gesiegt; der letztere in den beiden anderen.

c) Observations concernant les élections au Conseil d'arrondissement de juillet et août 1925.

c) Bemerkungen betreffend die Kreisratswahlen vom Juli und August 1925.

1° Remarques préliminaires

Un décret du 20 mars 1925 (J. O. 25 mars 1925, page 3031) a fixé une nouvelle répartition des sièges de conseiller d'arrondissement entre les cantons des départements du Haut-Rhin, du Bas-Rhin et de la Moselle ; il a eu pour objet principal de déterminer conformément aux dispositions des articles 20 et 21 de la loi du 22 juin 1833, et **sur le vu des résultats du recensement de 1921,** le nombre des conseillers d'arrondissement qu'auront désormais à élire les différents cantons de nos 3 départements.

Mais, en outre, une mesure spéciale est prévue par l'article 2 de ce décret en ce qui concerne les arrondissements de **Strasbourg-Ville** et Metz-Ville ; ces arrondissements ont été créés par la loi locale du 30 décembre 1871 **par séparation dans les anciens arrondissements chefs-lieux des cantons de ville et des cantons de campagne,** ces derniers constituant alors les arrondissements de Strasbourg-Campagne et de Metz-Campagne ; alors que les nouveaux arrondissements-campagnes eurent chacun leur conseil d'arrondissement propre, pour les arrondissements-villes, au contraire, **la loi locale du 24 janvier 1873 décida que les conseils municipaux y fonctionneraient comme conseils d'arrondissement.**

Ce mode de procéder, **qui a privé notamment les villes de Strasbourg et de Metz du nombre de délégués sénatoriaux auxquels elles auraient droit si leurs cantons avaient chacun leur représentation d'arrondissement a dû être revisé;** comme, d'autre part, il n'est pas actuellement possible de supprimer purement et simplement les arrondissements de Strasbourg-Ville et Metz-Ville, cette suppression ne pouvant s'opérer **sans une réforme générale de la législation administrative locale,** l'article 2 du décret, **se basant sur la conception administrative française** qui ne distingue pas les arrondissements-villes et les arrondissements-campagnes, et s'autorisant, d'autre part, des dispositions de l'article 7 de la loi du 17 octobre 1919, a institué **une représentation commune pour les arrondissements de Strasbourg-Ville et de Strasbourg-Campagne réunis d'une part,** et de **Metz-Ville et de Metz-Campagne réunis d'autre part :** la répartition des sièges du conseil d'arrondissement de Strasbourg ainsi créé est spécifiée au tableau ci-après annexé au décret.

I. Vorbemerkung.

Ein Dekret vom 20. März 1925 (J. O. vom 28. März 1925, Seite 3031) hat die Verteilung der Sitze der Kreisräte unter die Kantone der Departements du Haut-Rhin, du Bas-Rhin et de la Moselle neu geregelt ; es wurde dabei vor allem der Zweck verfolgt, die Anzahl der Kreisratsmitglieder dieser Kantone entsprechend den Artikeln 20 und 21 des Gesetzes vom 22. Juni 1833 und unter Zugrundelegung der Volkszählungsergebnisse von 1921 zu bestimmen.

Eine besondere Regelung ist in dem Artikel 2 des Dekrets in bezug auf die Stadtkreise Strassburg-Stadt und Metz-Stadt getroffen ; diese Kreise sind bekanntlich durch das lokale Gesetz vom 30. Dezember 1871 geschaffen worden, indem in den früheren Kreisen die Stadtkantone von den Landkantonen abgetrennt und aus letzteren die Kreise Strassburg-Land und Metz-Land gebildet wurden. Die neuen Landkreise erhielten jeder seinen eigenen Kreisrat, während in den Stadtkreisen die Gemeinderäte auf Grund des lokalen Gesetzes vom 24. Januar 1873 die Funktion der Kreisräte übernahmen.

Diese Regelung, welche die Städte Strassburg und Metz der Zahl der Delegierten für die Senatorenwahl beraubte, auf welche sie Anspruch hätten, wenn ihre Kantone ihre Kreisvertretung besässen, musste revidiert werden.

Anderseits war nicht daran zu denken, einfach die Stadtkreise von Strassburg und Metz aufzuheben, weil eine solch radikale Massnahme nicht ohne eine allgemeine Reform des lokalen Verwaltungssystems möglich ist. Der Artikel 2 des Dekrets hat denn auch, in Anlehnung an die französische Verwaltungstheorie, welche keinen Unterschied zwischen Stadt- und Landkreisen kennt, und unter Zugrundelegung des Artikels 7 des Gesetzes vom 17. Oktober 1919, eine gemeinsame Vertretung für die Land- und Stadtkreise einerseits von Strassburg und anderseits von Metz geschaffen. Die Verteilung der Sitze unter die 2 so geschaffenen Kreisräte geht, soweit Strassburg in Betracht kommt, aus nachstehender dem Dekret angefügten Tabelle hervor :

Arrondissements Kreis	Cantons Kanton	Population Bevölkerungszahl	Nombre des Conseillers à élire Zahl der zu wählenden Kreisräte
Strasbourg-Ville Strassburg-Stadt	Nord	53 271	2
	Sud	26 499	1
	Est	44 430	1
	Ouest	43 117	1
Strasbourg-Campagne Strassburg-Land	Brumath	24 723	1
	Hochfelden	14 433	1
	Schiltigheim	45 321	1
	Truchtersheim	11 186	1
	Total	**262 980**	**9**

Le décret du 20 mars 1925 a donc institué une **représentation commune** pour les arrondissements de Strasbourg-Ville et de Strasbourg-Campagne qui ont désormais un seul «conseil d'arrondissement de Strasbourg» avec 9 conseillers. Le conseil d'arrondissement ne pouvant avoir ni plus ni moins que 9 membres et vu le nombre 8 des cantons, on n'a pu attribuer qu'au plus peuplé (Strasbourg-Nord) 2 conseillers à élire.

Il y a lieu de remarquer que d'après cette répartition le canton Est de Strasbourg-Ville (Neudorf-Krutenau) avec ses 44.430 habitants n'a qu'un conseiller d'arrondissement à élire, tandis que le canton de **Wœrth**, par exemple, avec 9.966 habitants, celui de **Seltz** avec 9.862 habitants en ont deux! Le canton de **Saales** avec 4.649 habitants, c'est-à-dire presque 10 fois moins que le canton Est de Strasbourg, en élit un aussi! Les conseillers d'arrondissement étant délégués sénatoriaux, cela a une importance politique. D'après le décret du 26 juin 1925 (J. O. du 28 juin 1925, page 5959), les cantons dont la représentation au conseil d'arrondissement a été visée par l'article 2 du décret du 20 mars 1925, seront répartis **pour le renouvellement des mandats des conseillers d'arrondissement en deux séries renouvelables l'une en 1925, l'autre en 1928 conformément au tableau ci-après.** Le mandat des conseillers d'arrondissement représentant les cantons figurant dans la série renouvelable en 1928, **n'aura qu'une durée de trois ans.**

Das Dekret vom 20. März 1925 hat also eine gemeinsame Vertretung für den Stadt- und Landkreis von Strassburg geschaffen, welche künftighin einen einzigen «Kreisrat von Strassburg» mit 9 Mitgliedern haben. Da der Kreisrat nicht mehr und nicht weniger als 9 Mitglieder zählen darf und es in diesem zusammengefassten Kreis 8 Kantone gibt, so konnte nur der volksreichste Kanton (Strassburg-Nord) mit 2 Sitzen bedacht werden. Es empfiehlt sich, in diesem Zusammenhang darauf hinzuweisen, dass nach dieser Einteilung der Kanton Ost von Strassburg (Strassburg—Krutenau) mit 44 430 Einwohnern nur durch einen Kreisrat vertreten ist, während der Kanton **Wœrth** z. B., mit 9 960 Einwohnern, derjenige von **Selz** mit 9 862 Einwohnern je 2 Sitze haben! Der Kanton **Saales** mit 4 649 Einwohnern, d. h. mit fast 10 mal weniger Einwohner als der Kanton Strassburg-Ost, hat ebenfalls einen Sitz. Die Kreisratsmitglieder sind Delegierte für die Senatorenwahl; aus diesem Grunde kommt dieser Einteilung eine politische Bedeutung zu.

Nach dem Dekret vom 26. Juni 1925 (J. O. vom 28. Juni 1925, Seite 5959) werden die Kantone, die im Artikel 2 des Dekrets vom 20. März 1925 erwähnt sind, in bezug auf die Erneuerung der Mandate der Kreisräte in 2 Serien eingeteilt, deren eine im Jahre 1925 zu erneuern ist und die andere im Jahre 1928, entsprechend nachstehender Tabelle.

Das Mandat der Kreisratsmitglieder der in die Serie von 1928 fallenden Kantone hat nur eine Dauer von 3 Jahren.

Cantons renouvelables
Wieder zu erneuernde Kantone

en 1925	en 1928
Strasbourg-Nord,	Strasbourg-Est
Strasbourg-Sud	Strasbourg-Ouest,
Brumath	Schiltigheim
Hochfelden	Truchtersheim.

Le mandat des conseillers d'arrondissement **des cantons Nord et Sud de Strasbourg** élus en **juillet 1925, MM.** Paul Weill (soc.), Oesinger (rad.) et Bohn (soc.), aura donc une durée de 6 ans; celui des conseillers d'arrondissement des cantons Est et Ouest, MM. Arbogast et Spiesser (tous deux du Bloc républicain national) expirera en 1928.

En 1928, les cantons Nord et Sud auront donc des élections au Conseil Général et les cantons Est et Ouest, des élections au Conseil d'arrondissement.

Das Mandat der Kreisratsmitglieder der Kantone Nord und Süd von Strassburg, welche im Juli 1925 gewählt wurden, MM. Paul Weill (soc.), Oesinger (rad.), und Bohn (soc.), wird also eine Dauer von 6 Jahren haben; dasjenige der Kreisratsmitglieder der Kantone Ost und West (MM. Arbogast und Spiesser, beide vom Bloc républicain national) wird bereits im Jahre 1928 ablaufen.

Im Jahre 1928 werden also die Kantone Nord und Süd von Strassburg Generalratswahl und die Kantone Ost und West Kreisratswahl haben.

2° Aperçu général sur les résultats des élections. Pourcentage des votants.

Si les abstentions des électeurs de Strasbourg aux élections du Conseil général des 19 et 26 juillet 1925 dans les cantons Est et Ouest ont été extraordinairement nombreuses (à peu près de 70 %) malgré l'agitation active des partis politiques, l'on peut dire qu'aux élections au Conseil d'arrondissement de juillet et août 1925 les électeurs se sont en règle générale abstenus. Le manque d'agitation politique en semble être en partie la cause. Mais ce n'est pas à la «lassitude des électeurs» qu'on peut attribuer cette circonstance

2. Allgemeine Übersicht über die Wahlergebnisse. Wahlbeteiligung.

Wenn schon bei den Generalratswahlen vom 19./26. Juli 1925 in den Kantonen Ost und West von Strassburg über eine ausserordentlich starke Enthaltung (von etwa 70 %) der Wähler trotz lebhafter Agitation der politischen Parteien berichtet werden musste, so ist von den Kreisratswahlen zu sagen, **dass sich die Strassburger Wählerschaft im allgemeinen fast ganz enthalten hat.** Zum Teil schuld an diesem Verhalten scheint die sehr geringe Agitation zu sein; **von Wahlmüdigkeit** kann man in den Kantonen Nord und

dans les cantons Nord et Sud, car dans ces derniers aucune élection n'a précédé immédiatement ce scrutin.

Süd kaum sprechen, da dort keine andere Wahlen wie in den Kantonen Ost und West, unmittelbar vorangingen.

Pourcentage des votants — Wahlbeteiligung in Prozent der eingeschriebenen Wähler.

	CANTON			
	Nord	Sud	Est	Ouest
1er tour	7,5	11,1	3,5	7,7
2e tour	21,7	25,1	7,9	13,2

Le district de vote N° 12, avec une population prépondérante d'ouvriers, n'a eu qu'un taux de 1,7 % de votants au 1er tour de scrutin.

Résul ats.

Depuis 1873 il n'y avait pas eu d'élections au Conseil d'arrondissement à Strasbourg (le Conseil municipal remplissant cette fonction), il n'est pas possible de comparer les résultats de 1925 avec ceux d'une élection antérieure.

Ont été élus au 2e tour :

Der hauptsächlich von Arbeitern bewohnte Stimmbezirk 12 (Wilhelmerschule) wies sogar beim 1. Wahlgang nur eine Wahlbeteiligung von 1,7 % auf !

Ergebnisse.

Da seit 1873 keine Kreistagswahlen mehr in Strassburg stattgefunden haben (der Gemeinderat übte diese Funktion seither aus), so kann man diese Ergebnisse nicht mit einer früheren Wahl vergleichen.

Es wurden gewählt beim 2. Gang :

Canton	Canditats élus et leurs voix		Pourcentage de ces vois par rapport aux		Candidats non élus et leurs voix		Pourcentage de ces voix par rapport aux	
			électeurs inscrits	votants			électeurs inscrits	votants
Nord	Paul Weill (Cartel des Gauches)	1450	11,7	53,9	Andrès Aug. (Bloc républicain nat.) ..	1142	9,23	42,5
Nord	Oesinger (Cartel des Gauches)	1434	11,6	53,3	Dorffer Charles (Bloc républic. national)	1123	9,09	41,7
Sud	Bohn Emile (Cartel des Gauches)	910	15,6	62,0	Jest Emile (Bloc ré-républicain nat.)..	488	8 35	32,2
Est......	Arbogast (Bloc républicain national .	464	4,4	55,3	Dr Hügel, (Cartel des Gauches)	347	3,27	41,4
Ouest....	Spiesser (Bloc républicain national) ..	990	8,8	66,8	Trebus (Cartel des Gauches)	482	4,30	32,5

Les cinq conseillers d'arrondissement de Strasbourg appartiennent donc aux partis politiques suivants : 3 au cartel des gauches, dont 2 socialistes et un radical, et 2 au bloc républicain national. Le parti communiste n'avait pas présenté de candidats à cette élection.

Von den fünf **Strassburger Mitgliedern** des Kreisrats gehören also 3 dem Linkskartell (2 Sozialisten und 1 Radikaler) und 2 dem Bloc républicain national an. Der Parti communiste hatte keine Kandidaten bei diesen Wahlen aufgestellt.

VII. Élections prud'homales des mois de décembre 1920 et 1926 à Strasbourg.

Gewerbe- und Kaufmannsgerichtswahlen der Monate Dezember 1920 und 26 in Strasbourg.

I. Observations générales.

Les lois locales du 30 juin 1901 concernant les conseils de prud'hommes industriels et du 6 juillet 1904 concernant les conseils de prud'hommes commerciaux ont été provisoirement maintenues en vigueur dans les territoires d'Alsace et Lorraine par décret du 24 avril 1920 (J. O. du 27 avril 1920, page 6406), sous réserve de certaines dispositions portant adaptation aux lois et institutions françaises correspondantes (loi métropolitaine du 27 mars 1907, modifiée par les lois du 3 juillet 1919 et 30 mars 1920 et la loi du 27 décembre 1892.

Les principales dispositions nouvelles aujourd'hui applicables en la matière peuvent se résumer comme suit :

A. Electorat.

Pour la revision des listes des électeurs, il faut dorénavant tenir compte des modifications importantes apportées par les articles 2 et 3 du décret aux **conditions d'électorat** prévues par les lois locales pour l'un et l'autre des Conseils. Désormais, pour être inscrit sur les listes électorales prud'homales, il faut remplir les conditions générales et les conditions spéciales suivantes :

Personnes du sexe masculin : 1° être inscrites sur les listes électorales politiques, 2° être âgées de 25 ans révolus au plus tard le dernier jour du délai imparti pour l'inscription des électeurs par le Maire, 3° exercer depuis trois ans, apprentissage compris, une profession rentrant dans l'une des catégories assujetties à la juridiction du Conseil et exercer cette profession dans le ressort du Conseil depuis un an.

Personnes du sexe féminin : 1° posséder la qualité de Française, 2° réunir les conditions d'âge et d'exercice de la profession prescrites pour les hommes, 3° n'avoir encouru aucune des condamnations prévues aux articles 15 et 16 du décret organique du 2 février 1852, c'est-à-dire aucune condamnation susceptible de priver un homme de ses droits politiques.

Sont à inscrire sur la liste des **électeurs ouvriers** pour les Conseils de prud'hommes industriels : les ouvriers, les chefs d'équipe ou contremaîtres prenant part à l'exécution matérielle des travaux industriels et les chefs d'ateliers de famille, travaillant eux-mêmes, et cela sans condition de salaire, même pour les contre-maîtres, l'article 3, alinéa 2, de la loi du 30 juin 1901 étant d'autre part abrogé.

Sont à inscrire sur la liste des **électeurs employés** pour les Conseils de prud'hommes commerciaux : les **employés de commerce et d'industrie** et les contre-maîtres ne remplissant que des **fonctions de surveillance ou de direction.** Les employés d'industrie et les contre-maîtres remplissant les conditions prévues, ont dû être ajoutés sur les

I. Allgemeine Bemerkungen.

Die lokalen Gesetze vom 30. Juni 1901, betreffend die Gewerbegerichte und vom 6. Juli 1904, betreffend die Kaufmannsgerichte, wurden vorläufig in Elsass und Lothringen durch Dekret vom 24. April 1920 (J. O. vom 27. April 1920, Seite 6406) beibehalten, vorbehaltlich einiger Bestimmungen, die zwecks Anpassung an die französische Gesetzgebung (das französische Grundgesetz vom 27. März 1907, abgeändert durch die Gesetze vom 3. Juli 1919 und 30. März 1920, sowie das Gesetz vom 27. Dezember 1892) eingeführt wurden.

Die hauptsächlichsten, heute hierbei anwendbaren neuen Bestimmungen lassen sich wie folgt zusammenfassen :

A. Wahlberechtigung.

Für die Revision der Wählerlisten sind künftighin die wichtigen Änderungen zu berücksichtigen, welche bezüglich der durch die Ortsstatute für beide Gerichte vorgesehenen Bedingungen, betreffend das **Wahlrecht** durch Artikel 2 und 3 des Dekrets eingeführt worden sind. Künftighin sind für die Eintragung in die Wählerlisten zum Gewerbe- und Kaufmannsgericht folgende, allgemeine und besondere Bedingungen zu erfüllen :

Männliche Personen : sie müssen 1. in den politischen Wählerlisten eingetragen sein ; 2. das 25. Lebensjahr spätestens am letzten Tage der vom Maire für die Eintragung der Wähler bestimmten Frist vollendet haben ; 3. seit drei Jahren, einschliesslich Lehrzeit, ein Gewerbe betreiben, welches zu einer der der Gerichtsbarkeit des Gewerbe- oder Kaufmannsgerichts unterliegenden Gewerbe-und Industriekategorien gehört, und dieses Gewerbe seit einem Jahre im Bezirke des Gerichts ausüben.

Weibliche Personen : sie müssen 1. die französische Staatsangehörigkeit besitzen ; 2. die für die Männer vorgeschriebenen Bedingungen bezüglich des Alters und der Ausübung eines Gewerbes erfüllen ; 3. sich keine der in Artikel 15 und 16 des organischen Dekrets vom 2. Februar 1852 bestimmten Bestrafungen zugezogen haben, d. h. keine solche, welche geeignet ist, einem Manne seine politischen Rechte zu entziehen.

In der Wählerliste der **Arbeitnehmer** für das **Gewerbegericht** sind einzutragen die Arbeiter, Vorarbeiter oder Werkmeister, welche sich an der materiellen Ausführung der gewerblichen Arbeiten beteiligen, sowie die Leiter von Familienwerkstätten, welche selbst mitarbeiten, und zwar ohne Bedingung bezüglich des Lohnes, auch für die Werkmeister, da Artikel 3, Absatz 2 des Gesetzes vom 30. Juni 1901 in dieser Hinsicht aufgehoben ist.

In die Wählerliste der **Angestellten für das Kaufmannsgericht** sind einzutragen die kaufmännischen und technischen Angestellten, sowie die Werkmeister, welche nur die Arbeiten beaufsichtigen oder leiten. Die technischen Angestellten und Werkmeister, welche die vorgesehenen Bedingungen erfüllen, sind also künftighin auf den-

istes où ne figuraient jusqu'à présent que les employés de commerce. D'autre part, l'article 4 de la loi du 6 juillet 1904 étant abrogé, aucune condition de salaire n'existe plus.

Sont à inscrire sur la liste des **électeurs patrons** pour les Conseils de prud'hommes industriels : toutes personnes qualifiées « électeurs patrons » des établissements comprenant des électeurs de la première catégorie ci-dessus.

Sont à inscrire sur la liste des **électeurs patrons** pour les Conseils de prud hommes commerciaux : toutes personnes qualifiées « électeurs patrons » des établissements comprenant des électeurs de la catégorie des employés de commerce et d'industrie.

Sont qualifiés « électeurs patrons » les patrons occupant, pour leur compte, un ou plusieurs ouvriers ou employés, les associés en nom collectif, ceux qui gèrent ou dirigent, pour le compte d'autres, une fabrique, une manufacture, un atelier, un magasin, une mine et, généralement, une entreprise industrielle ou commerciale quelconque ; les présidents des conseils d'administration, les administrateurs délégués, les ingénieurs et chefs de service tant dans les exploitations minières que dans les diverses industries.

B. Eligibilité.

Les conditions d'éligibilité ont été modifiées par l'introduction de l'article 6 de la loi métropolitaine et l'abrogation des dispositions de l'article 2 de la loi locale, notamment de celles qui ne permettaient pas d'être élues aux personnes qui avaient reçu, dans l'année précédant l'élection, des secours provenant des ressources publiques, ou qui n'étaient pas aptes aux fonctions de juré.

Désormais, sont éligibles : à condition de résider depuis trois ans dans le ressort du Conseil, d'être âgées de 30 ans et de savoir lire et écrire : 1° les personnes inscrites sur les listes électorales spéciales remplissant les conditions requises pour y être inscrites, 2° les personnes ayant rempli ces conditions pendant cinq ans au moins dans le ressort, pourvu qu'elles soient de nationalité française et qu'elles n'aient encouru aucune des condamnations prévues aux articles 15 et 16 du décret organique de 1852. — Il convient de noter que ces dispositions permettent **aux femmes** d'être élues et que, par ailleurs, l'obligation de savoir lire et écrire n'implique pas la nécessité de posséder la langue française.

C. Autres modifications à la législation locale.

En dehors de ces modifications touchant aux conditions d'électorat et d'éligibilité, d'autres changements sont encore apportés au texte des lois locales par le décret du 24 avril 1920 :

L'article 4 introduit de nouvelles dispositions touchant la procédure : le chiffre de la **compétence en dernier ressort** des Conseils de prud'hommes est porté à 300 francs. Exceptionnellement, la partie demanderesse dans les différends

jenigen Listen mitaufzuführen, die bisher nur die kaufmännischen Angestellten enthielten. Anderseits besteht keine Bedingung mehr bezüglich der Höhe des Lohnes, da Artikel 4 des Gesetzes vom 6. Juni 1904 aufgehoben ist.

In die Wählerliste der **Arbeitgeber für das Gewerbegericht** sind einzutragen : alle als Arbeitgeber-Wähler bezeichneten Personen, die an einem Betrieb beteiligt sind, welche Wähler der ersten Kategorie umfasst.

In die Wählerliste der **Arbeitgeber** für das **Kaufmannsgericht** sind einzutragen : alle als Arbeitgeber-Wähler bezeichneten Personen, die an einem Betriebe beteiligt sind, welcher Wähler der Kategorie der Angestellten umfasst.

Als Arbeitgeber-Wähler gelten die Arbeitgeber, welche auf eigene Rechnung einen oder mehrere Arbeiter oder Angestellten beschäftigen, die Mitglieder einer offenen Handelsgesellschaft, diejenigen, welche für Rechnung anderer eine Fabrik, einen Betrieb, eine Werkstatt, ein Verkaufsgeschäft oder im allgemeinen ein gewerbliches oder kaufmännisches Unternehmen irgendwelcher Art verwalten oder leiten ; die Vorsitzenden der Verwaltungsräte, die beauftragten Verwalter, die Ingenieure und Betriebsvorstände sowohl in den Bergwerken wie in den anderen Industrien.

B. Wählbarkeit.

Die Bedingungen bezüglich der Wählbarkeit sind geändert worden durch Einführung des Artikels 6 des französischen Gesetzes und durch Aufhebung der Bestimmungen des Artikels 2 des bisherigen Gesetzes, insbesondere derjenigen, wonach die Personen nicht wählbar waren, welche in dem der Wahl vorangehenden Jahre Unterstützungen aus öffentlichen Mitteln erhalten hatten oder die Befähigung zur Bekleidung des Amtes eines Geschworenen nicht besassen.

Künftighin sind wählbar, unter der Bedingung, dass sie seit drei Jahren im Bezirke des Gerichts ansässig sind, das 30. Lebensjahr vollendet haben sowie lesen und schreiben können : 1. die Personen, welche in den besonderen Wählerlisten eingetragen sind oder die für die Eintragung erforderlichen Bedingungen erfüllen ; 2. die Personen, welche diese Bedingungen während mindestens fünf Jahren im Bezirke des Gerichtes erfüllt haben, vorausgesetzt, dass sie die französische Staatsangehörigkeit besitzen und sich keine der in Artikel 15 und 16 des organischen Dekrets von 1852 vorgesehenen Bestrafungen zugezogen haben. Es ist zu bemerken, dass diese Bestimmungen es den Frauen ermöglichen, gewählt zu werden und dass anderseits die Verpflichtung, lesen und schreiben zu können, nicht das Erfordernis in sich schliesst, die französische Sprache zu kennen.

C. Andere Abänderungen der lokalen Gesetzgebung.

Neben diesen Regelungen, betreffend die Wahlberechtigung und Wählbarkeit als Beisitzer des Gewerbe- und Kaufmannsgerichts, hat das Dekret vom 24. April 1920 noch andere Abänderungen der lokalen Gesetzgebung vorgenommen : der Artikel 4 führt ergänzende Bestimmungen, betreffend die Prozedur ein : die Ziffer der Zuständigkeit dieser Sondergerichte als letzte Instanz wird auf 300 Frs. erhöht. Ausnahmsweise

entre employés et patrons, c'est-à-dire dans les différends de la compétence des Conseils des prud'hommes commerciaux, est autorisée à porter sa demande devant les tribunaux ordinaires. Les dispositions de la loi métropolitaine, concernant les demandes reconventionnelles, notamment celles présentées dans le seul but de porter l'affaire devant les juridictions ordinaires, sont rendues applicables. Il en est de même des conditions du recours en cassation contre les jugements en dernier ressort des Conseils de prud'hommes (recours pour excès de pouvoir ou pour violation de la loi).

Il n'est pas besoin de commenter ni l'article 6 du décret, qui étend aux Conseils de prud'hommes les dispositions de l'arrêté du 2 février 1919 sur la **langue judiciaire** et décide que les sommes exprimées en Marks dans le texte de la loi locale du 30 juin 1901 s'entendront en francs à raison de 1 fr. 25 le Mark, ni l'article 7, qui abroge les articles ou fragments d'articles remplacés par les dispositions de la loi métropolitaine introduites.

D. Réorganisation des Conseils après l'armistice.

Il a fallu après ce décret remanier d'urgence les articles du **statut local** qui ne cadraient plus avec les nouvelles prescriptions. Les pouvoirs des assesseurs des Conseils de prud'hommes industriels et des Conseils de prud'hommes commerciaux prorogés pour six mois après la date de cessation des hostilités, sont venus à expiration le 24 avril 1920. Bien que de ce fait le fonctionnement des Conseils ne fût pas complètement suspendu, puisque les présidents et vice-présidents pouvaient en vertu de l'article 54 de la loi locale, siéger en conciliation sans assesseurs, il importait cependant d'assurer au plus tôt leur fonctionnement complet. Ces élections ont dû également permettre de reconstituer les Conseils qui se sont trouvés à l'armistice complètement désorganisés et qui n'ont pu depuis reprendre leurs travaux.

E. Nomination des Présidents.

Les municipalités ont à nommer les présidents ou vice-présidents des Conseils ou à renouveler leurs pouvoirs d'après la loi locale maintenue en ce point. Ces fonctions sont *très importantes* notamment en raison des attributions que la loi locale confère aux présidents et vice-présidents en matière de **différends collectifs**. Les municipalités ont à tenir compte des conditions essentielles à remplir pour cet office et à faire appel à des personnes qui, non seulement, présentent les garanties indispensables de **compétence juridique et technique** mais encore possèdent ces **qualités personnelles et cette autorité morale** auprès de l'une et l'autre parties qui sont nécessaires au bon accomplissement de telles fonctions.

F. Opération électorale.

Conformément au statut local pour les Conseils de prud'hommes industriels et commerciaux de Strasbourg, l'élection des assesseurs a lieu d'après les principes de la R. P. en ce sens qu'à côté des groupes de la majorité, les groupes de la minorité soient aussi représentés en proportion du nombre de leurs adhérents.

kann der Kläger bei Streitigkeiten zwischen Angestellten und Arbeitgebern, d. h. *in den Streitigkeiten*, die vor das Kaufmannsgricht gehören, die Klage an die ordentlichen Gerichte einreichen. Die Bestimmungen des französischen Gesetzes über die Gegenklagen, besonders diejenigen, welche erfolgen zu dem alleinigen Zweck, die Sache vor die ordentlichen Gerichte zu bringen, sind als anwendbar erklärt. Dasselbe gilt auch von den Bedingungen des Rekurses an den Kassationshof gegen die letztinstanzlichen Urteile dieser Sondergerichte (Rekurs wegen Befugnisüberschreitung oder Gesetzesverletzung).

Es erübrigt sich, auf den Artikel 6 des Dekrets näher einzugehen: er dehnt die Bestimmungen der Verordnung vom 2. Februar 1919 über die Gerichtssprache auf die Gewerbe- und Kaufmannsgerichte aus und sagt, dass die in Mark ausgedrückten Summen in dem lokalen Gesetz zum Satze von 1,25 Frs. die Mark umzurechnen sind. Der Artikel 7 erklärt die den französischen widersprechenden Vorschriften des lokalen Gesetzes als aufgehoben.

D. Reorganisation dieser Gerichte nach dem Waffenstillstand.

Nach Einführung dieser Bestimmungen durch Dekret vom 24. April 1920 mussten die *Ortsstatuten* in den Gemeinden, wo diese Sondergerichte bestehen, der neuen Regelung angepasst werden. Die Amtsdauer der Beisitzer, welche bis 6 Monate nach dem Aufhören der Feindseligkeiten verlängert wurde, war am 24. April 1920 abgelaufen. Diese Gerichte konnten aber trotzdem weiterfunktionieren, da die Vorsitzenden und deren Stellvertreter auf Grund des Artikels 54 des lokalen Gesetzes als «Sühnegericht» ohne Beisitzer allein tagen können.

Es war jedoch notwendig, die Neuwahl der Beisitzer möglichst bald in die Wege zu leiten. Die meisten unserer Gewerbe- und Kaufmannsgerichte waren zudem am Waffenstillstand desorganisiert und konnten nicht mehr funktionieren.

E. Erneuerung der Vorsitzenden.

Die Gemeindevorstände haben die Vorsitzenden und Stellvertreter dieser Gerichte zu ernennen oder ihre Amtsbefugnisse zu erneuern. Diese Funktionen sind sehr wichtig wegen der besonderen Aufgaben, die ihnen das lokale Recht bei Kollektivarbeitskonflikten zuerkennt. Die Gemeindevorstände haben hierauf bei der Ernennung Rücksicht zu nehmen und nur Personen hierfür zu bezeichnen, die durch ihre juristische und technische Befähigung sowie persönliche Eignung und Ansehen alle Garantien bieten, welche ein solch wichtiges Amt erheischt.

F. Wahlverfahren.

Entsprechend dem Strassburger Ortsstatut für die Gewerbe- und Kaufmannsgerichte, findet die Wahl der Beisitzer nach den Grundsätzen der Verhältniswahl derart statt, dass neben den Mehrheitsgruppen auch die Minderheitsgruppen entsprechend ihrer Zahl vertreten sind.

Dans la publication concernant ces élections, les électeurs devront être invités à présenter des listes de proposition ; leur attention devra être attirée sur le fait que, lors du vote, les suffrages ne pourront être exprimés qu'en faveur de personnes éligibles inscrites sur ces listes. Les listes de proposition sont à établir séparément pour les patrons et les ouvriers ; elles ne pourront contenir tout au plus que le tiers du nombre des assesseurs à élire pour chacun des deux corps électoraux. Ces listes devront être signées par au moins 15 électeurs et être présentées au plus tard quinze jours avant l'élection. Les personnes proposées sur plusieurs listes seront invitées à opter pour l'une d'elles.

S'il est présenté simultanément deux ou plusieurs listes de proposition désignées d'une façon concordante par les signataires comme étant en connexion entre elles, ces listes sont considérées comme des **listes combinées.** La connexion existant entre les listes combinées devra être exprimée par des numéros d'ordre, par exemple A 1, A 2, A 3; B 1, B 2, B 3, etc. Chaque bulletin de vote devra contenir la désignation exacte des candidats, qui devront être choisis parmi les personnes figurant sur les listes de proposition et dont le nombre ne devra pas dépasser celui admis pour une liste de proposition. Après l'élection le bureau de vote constate d'abord le nombre des suffrages valables esprimés pour chaque candidat ; en additionnant ces suffrages, il établit le nombre des voix obtenues par chaque liste de proposition. Pour les listes combinées on établira, en outre, le nombre total des voix réunies sur ces listes. Sur chaque liste, les candidats seront classés d'après le nombre des voix qu'ils ont obtenues. On procédera alors à la répartition du nombre des assesseurs à élire par chaque corps électoral, sur les diverses listes, dans la proportion du nombre de voix de chacune d'elles, les listes combinées étant d'abord comptées pour une seule. On établit dans ce but, pour quel nombre de voix il y a un assesseur. Ce nombre (quotient électoral) devra être en principe choisi de telle sorte qu'il soit contenu dans le nombre total de chaque liste autant de fois qu'il y a d'assesseurs à élire, en négligeant les fractions de la division.

In der Bekanntmachung betreffend diese Wahlen sind die Wahlberechtigten zur Einreichung von Wahlvorschlagslisten aufzufordern mit dem Hinweise, dass die Stimmenabgabe bei den Wahlen auf die in diesen Listen vorgeschlagenen wählbaren Personen beschränkt ist. Die Vorschlagslisten sind für Arbeitgeber und Arbeiter gesondert aufzustellen. Jede Liste darf höchstens ein Drittel soviel Namen enthalten, als Beisitzer von jedem der beiden Wahlkörper zu wählen sind. Die Listen müssen von mindestens 15 Wählern unterzeichnet und spätestens 2 Wochen vor der Wahl eingereicht sein. Personen, die auf mehreren Listen vorgeschlagen sind, werden aufgefordert, sich für eine derselben zu entscheiden. Werden zwei oder mehr Vorschlagslisten gleichzeitig eingereicht und von den Unterzeichnern übereinstimmend als zusammengehörig bezeichnet, derart, dass diese Listen den Vorschlagslisten anderer Wahlvereinigungen gegenüber als eine Vorschlagsliste angesehen werden sollen, so gelten diese Listen als verbundene Listen. Die Zusammengehörigkeit der verbundenen Listen ist durch Ordnungsnummern zum Ausdruck zu bringen, z. B. A 1. A 2, A 3 ; B 1, B 2, B 3 usw. Jeder Stimmzettel muss die genaue Bezeichnung der Kandidaten enthalten, die auf den Vorschlagslisten stehen und deren Zahl die für eine Vorschlagsliste zulässige Kandidatenzahl (ein Drittel) nicht überschreiten darf. Nach der Wahl stellt der Wahlvorstand zunächst die Zahl der abgegebenen gültigen Stimmen für jeden Bewerber fest und ermittelt durch Zusammenzählung dieser Stimmen, welche Zahl gültiger Stimmen auf jede der eingereichten Wahlvorschlagslisten gefallen ist. Für verbundene Listen wird ausserdem die Gesamtzahl der auf sie vereinigten Stimmen errechnet. Innerhalb jeder Liste werden die Bewerber nach Massgabe der erhaltenen Stimmenzahl geordnet. Es wird nunmehr die Zahl der von jedem der Wahlkörper zu wählenden Beisitzer auf die einzelnen Listen nach dem Verhältnis ihrer Stimmenzahl verteilt, wobei die verbundenen Listen zunächst als eine Liste zu gelten haben. Zu diesem Behuf wird festgestellt, auf welche Stimmenzahl je ein Beisitzer entfällt. Die Zahl (Verteilungszahl) ist grundsätzlich so zu wählen, dass sie in der Stimmenzahl der einzelnen Listen, unter Nichtbeachtung der Restzahlen, insgesamt so oft enthalten ist, als die Zahl der zu wählenden Beisitzer beträgt.

II. Élections prud'homales de 1920.
Gewerbe- und Kaufmannsgerichtswahlen von 1920.

a) Élection des assesseurs du Conseil des prud'hommes commerciaux de Strasbourg en novembre 1920.

Wahl der Beisitzer des Kaufmannsgerichts Strassburg vom November 1920.

L'élection a été fixée au dimanche, 21 novembre 1920. Comme les organisations des patrons et des employés n'ont présenté chacune qu'une seule liste valable de candidats, le maire de Strasbourg a déclaré, par arrêté du 12 novembre 1920, ces candidats élus.

Die Wahl war auf Sonntag den 21. November 1920 anberaumt. Da die Organisationen der Arbeitgeber und der Angestellten nur je eine gültige Vorschlagsliste eingereicht haben, hat der Maire von Strasbourg durch Verordnung vom 12. November 1920 diese Kandidaten als gewählt bezeichnet.

Candidats déclarés élus : (Als gewählt erklärte Kandidaten):

Auf Grund des § 7, Absatz 8, des Ortsstatuts für das Kaufmannsgericht von Strassburg sind folgende auf der Mairie eingegangenen gültige Vorschlagslisten der Arbeitgeber und der Angestellten öffentlich bekannt gegeben worden:

I. Liste de proposition de la Confédération patronale de l'Alsace et de la Lorraine.

1. Vorschlagsliste der Confédération patronale de l'Alsace et de la Lorraine.

1. M. Braun Eugène, fabricant.
2. » Petri Paul, commerçant.
3. » Hauert Alfred, commerçant.
4. » Schær Albert, épicier en gros.
5. » Mœder Edouard-Jacques, commerçant.
6. » Brunner Victor, commerçant.
7. » Lehmann Salomon, commerçant.
8. » Hübster Joseph, marchand de vins.
9. » Meyer Eugène, banquier.
10. » Fritz Léon, droguiste.
11. » Adam Camille, épicier.
12. » Schwab Alfred, commerçant.
13. » Ungerer Alfred, constructeur-mécanicien.
14. » Meyer J.-B., épicier.
15. » Eckendœrfer Eugène, agent- général.
16. » Nardin Eugène, directeur de banque.

II. Liste de proposition commune des syndicats des employés de Strasbourg.

2. Gemeinschaftliche Vorschlagsliste der Strassburger Angestellten-Organisationen.

1. M. Wiesser Jacques, employé de banque.
2. » Lazarus Georges, archiviste.
3. » Griesbach Auguste, comptable.
4. » Roth Charles, directeur d'imprimerie.
5. Mlle Scherf Julie, comptable.
6. M. Spinner Auguste, comptable.
7. » Pedraglio Guillaume, employé.
8. » Rohrer Arthur-Jean, gérant.
9. M. Mathiss Auguste, chef-comptable.
10. Mme Aubertin Augustine, succursaliste.
11. M. Cæsar Henri, comptable.
12. » Lienhardt Jean, comptable.
13. » Gerber Auguste, chef-comptable.
14. » Wolff Emile-Jacques, comptable.
15. » Kuhn Charles, comptable.
16. » Rœhm Roger, employé d'assurance.

Da hiernach von der Gruppe der Arbeitgeber wie von der Gruppe der Angestellten nur je eine gültige Vorschlagsliste eingereicht worden ist, hat die zufolge der Bekanntmachung des Maire vom 11. Oktober 1920 auf den 21. November 1920 anberaumte Wahl nicht stattgefunden. (Verordnung vom 12. November 1920).

Unter Hinweis auf die Bekanntmachung des Vorsitzenden des Wahlausschusses, wonach für die Wahl der Beisitzer für das Kaufmannsgericht des Stadtkreises Strasbourg von der Gruppe der Arbeitgeber wie von der Gruppe der Angestellten nur je eine gültige Vorschlagsliste eingereicht worden ist, wurden die in diesen Vorschlagslisten bezeichneten Personen als gewählt erklärt.

b) Élections au Conseil prud'hommes industriels de Strasbourg en décembre 1920.

Wahlen der Beisitzer des Gewerbegerichts Strasbourg im Dezember 1920.

Les élections ont été fixées au 12 décembre 1920. Elles n'ont pas été nécessaires, parce qu'il n'a été présenté tant de la part des employeurs que de celle des ouvriers, qu'une seule liste de proposition valable pour chaque groupe.

Diese Wahlen wurden auf den 12. Dezember 1920 anberaumt. Sie waren jedoch nicht erforderlich, da die Organisationen der Arbeitgeber und der Arbeitnehmer nur je eine gültige Vorschlagsliste eingereicht haben.

Candidats déclarés élus par arrêté du Maire du 2 novembre 1920.

Als gewählt erklärte Kandidaten durch Verordnung vom 2. November 1920.

En vertu de l'article 10, alinéa 8, de la réglementation locale pour le Conseil de prud'hommes industriels de Strasbourg, les listes de proposition valables suivantes ont été présentées tant de la part des employeurs que des ouvriers :

Die Organisationen der Arbeitgeber und der Arbeitnehmer haben folgende gültige Vorschlagslisten eingereicht:

I. Listes de proposition des employeurs.

1. Vorschlagslisten der Arbeitgeber.

Liste A 1

1. M. Nuss Joseph, entrepreneur.
2. » Guri Pierre, entrepreneur.
3. » Wendling Auguste, directeur de la Société Strasbourgeoise des Asphaltes et Bitumes.
4. » Beck Eugène, maître-ferblantier et installateur.
5. » Faullimmel Jacques, tourneur sur bois.
6. » Muller Eugène, maître-boulanger.

Liste A 2

1. M. Ungerer Alfred, fabricant d'horloges d'édifice.
2. » Allenbach Henri, industriel.
3. M. Jaquet Albert, directeur-gérant de la maison Schneider, Jaquet & Cie.
4. » Borzer Emile, négociant.
5. » Eberhardt Auguste, quincaillier.
6. » Sorgius Georges, maître-coiffeur.

Liste A 3

1. M. Kuntz Joseph, maître-serrurier.
2. » Comment Frédéric-Joseph, entrepreneur de peinture.
3. » Beaux Henri, maître-cordonnier.
4. » Schneider Martin, charron et menuisier en voitures.
5. » Fritsch Joseph, restaurateur.
6. » Bilger Edouard, restaurateur.

Les listes A 1, A 2 et A 3 sont désignées comme des „listes combinées".
Diese Listen gelten als verbundene Listen.

II. Listes de proposition des ouvriers.

2. Vorschlagslisten der Arbeitnehmer.

Liste A 1

1. M. Morel André, machiniste.
2. » Jacob Jacques, serrurier.
3. » Rehm Isidore, menuisier.
4. » Peter François, peintre.
5. » Strasser Frédéric, ouvrier de magasin.
6. » Ball Joseph, cordonnier.

Liste A 2

1. M. Pfeiffer Henri, journalier.
2. » Hoffmann Gustave-Adolphe, monteur de chauffage.
3. M. Jund Georges, maçon.
4. » Scherr Auguste, serrurier.
5. » Hetzel Auguste, chauffeur.
6. » Meyer Auguste, journalier.

Liste A 3

1. M. Bilger Alphonse, machiniste.
2. » Marchall Ernest, ébéniste.
3. » Roos Auguste, plâtrier.
4. » Frankhauser Joseph, meunier.
5. » Jost Emile, compositeur-typographe.
6. » Singer Paul, tailleur.

Les listes A 1, A 2 et A 3 sont désignées comme des „listes combinées"
Diese Listen gelten als verbundene Listen.

Comme il n'a été présenté, tant de la part des employeurs que des ouvriers, qu'une seule liste de proposition valable pour chaque groupe, l'élection fixée au 12 décembre 1920 d'après l'avis de la mairie du 2 novembre 1920 n'a pas eu lieu et les personnes désignées dans ces listes ont été déclarées élues.
(Arrêté du 2 décembre 1920).

Da die Arbeitgeber und die Arbeitnehmer je nur eine gültige Vorschlagsliste eingereicht haben, hat keine Wahl stattgefunden; die bezeichneten Bewerber wurden als gewählt erklärt. (Verordnung des Maire vom 2. 12. 1920).

III. Élections prud'homales de 1926.

Gewerbe- und Kaufmannsgerichtswahlen von 1926.

A. Élection des assesseurs au Conseil de prud'hommes commerciaux en décembre 1926.

Wahl der Beisitzer zum kaufmannsgericht Strasbourg im Dezember 1926.

Il y a 16 conseillers prud'hommes à élire par les patrons et 16 par les employés.

Es sind 16 Beisitzer durch die Arbeitgeber und 16 durch die Angestellten zu wählen.

I. Les listes de proposition

Die Vorschlagslisten.

Conformément à l'article 7, alinéa 8, du statut local pour le Conseil de Prud'hommes commerciaux de Strasbourg, les **listes de proposition** des candidats des **commerçants** et des **employés** suivantes ont été présentées :

I. Listes de proposition des organisations patronales.

1. Vorschlagsliste der Arbeitgeberorganisationen.

Première liste

1. Braun Eugène, fabricant.
2. Hauert Alfred, commerçant.
3. Brunner Victor, commerçant.
4. Nardin Eugène, directeur de banque.

Deuxième liste.

1. Schær Albert, épicier en gros.
2. Adam Camille, épicier.
3. Fritz Léon, droguiste.
4. Schwab Alfred, négociant.

Troisième liste.

1. Diebold Ernest, entrepreneur.
2. Stebler Joseph, fabricant.
3. Kahn Henri, commerçant.
4. Eckendœrfer Eugène, agent général d'assurance.

Quatrième liste.

1. Steib Emile, directeur général de la « Sotrapo ».
2. Heymann Isidore, industriel.
3. Hubster Joseph, marchand de vins.
4. Lieber Ernest, administrateur délégué de la Comp. Comm. de l'Est.

Les 4 listes sont à considérer comme des listes combinées. Etant donné que de la part des commerçants (patrons) il n'a été présentée qu'une seule liste de proposition valable, il n'y a pas eu d'élection pour ce groupe. Ces candidats ont été déclarés élus.

Diese 4 Listen gelten als *verbundene Listen.* Da nur eine verbundene Vorschlagsliste eingereicht wurde, sind diese Kandidaten als gewählt erklärt worden.

II. Listes de proposition des Employés.

Vorschlagslisten der Angestellten.

Fédération régionale des employés d'Alsace et de Lorraine, C. G. T.

Liste A 1.

1. Elles Joseph, comptable à l'Electricité de Strasbourg.
2. Forrler Jean-Emile, employé à la Comp. Générale d'Assurance « Rhin et Moselle ».
3. Bauer André, employé à la Comp. des Tramways Strasbourgeois.
4. Muller Philippe, ingénieur à l'Electricité de Strasbourg.

Liste A. 2.

1. Voltz Lucie, comptable à la Soc. Coopérative de consommation, Port du Rhin.
2. Schely Louis, employé à l'Electricité de Strasbourg.
3. Stoltz Joseph, chef de guichet à la Comp. des Tramways Strasbourgeois.
4. Mathis Auguste, chef comptable à la Soc Als. de Houilles et Agglomérés, route du Rhin.

Les listes A. 1 et A. 2 sont à considérer comme des listes combinées.

Die Listen A. 1 und A. 2 gelten als verbundene Listen.

Groupement des employés de Chemins de fer A. L.

Liste B. 1.

1. Hentz Louis, dessinateur aux Chemins de fer.
2. Waltz Frédéric, employé principal aux Chemins de fer.
3. Meyer Théophile, employé d'assurance.
4. Lœhr Philippe, commis IIe cl. aux Chemins de fer.

Liste B. 2.

1. Schmitt Edmond, dessinateur projecteur aux Chemins de fer.
2. Fechting Eugène, employé aux Chemins de fer.
3. Meyer Charles, chef de groupe aux Chemins de fer.
4. Stoll Albert, chef comptable de la Maison Heiss Frères, entrepreneurs.

Liste B. 3.

1. Friederich Fernand, commis principal aux Chemins de fer.
2. Rossmann Auguste, dessinateur projecteur aux Chemins de fer.
3. Lauth Ernest, s.-chef de bureau IIe cl. aux Chemins de fer.
4. Zinglé Alphonse, employé principal aux Chemins de fer.

Liste B. 4.

1. Burger Joseph, employé aux Chemins de fer.
2. Soto Michel, facteur aux écritures aux Chemins de fer.
3. Schladenhaufen Adolphe, facteur aux écritures aux Chemins de fer.
4. Zottner Emile, commis Ire cl. aux Chemins de fer.

Les listes B. 1, B. 2, B. 3 et B. 4 sont à considérer comme des listes combinées.

Die Listen B. 1, B. 2, B. 3 und B. 4 gelten als verbundene Listen.

Syndicat indépendant des cheminots

Liste C. 1.

1. Kammes Pierre-Alfred, commis principal aux Chemins de fer.
2. Kuhm Michel, facteur enregistrant aux Chemins de fer.
3. Herrscher Charles, facteur aux écritures aux Chemins de fer.
4. Dietz Albert, commis IIe cl. aux Chemins de fer.

Liste C. 2.

1. Lienhardt Joseph, employé aux Chemins de fer.
2. Gabel Alexandre, employé principal aux Chemins de fer.
3. Bort Nicolas, chef de bureau de gare aux Chemins de fer.
4. Graff Joseph, chef de bureau de gare aux Chemins de fer.

Les listes C. 1 et C. 2 sont à considérer comme des listes combinées.

Die Listen C. 1 u. C. 2 gelten als verbundene Listen.

Association des employés d'Alsace et de Lorraine.
Syndicat professionnel des employés „ Argentina " et Syndicat des employées „ Ste-Odile ".

Liste D. 1.

1. Gangloff Louis, employé de bureau aux Forges de Strasbourg.
2. Scherf Julie, comptable de la Maison Valfer & Meyer.
3. Ihler Eugène, employé à la Banque de Mulhouse.
4. Kling Léon, employé dans la Manufacture de Cigarettes « Job », Strasbourg-Neudorf.

Liste D. 2.

1. Roth Charles, employé de la Maison Le Roux & Cie,
2. Mayer Anne-Marie, employée de la Banque Rurale.
3. Hægeli Joseph, fondé de pouvoir de la Maison Prestel.
4. Ulrich Joseph, comptable de la Maison Auguste Schott.

Les listes D. 1 et D. 2 sont à considérer comme des listes combinées.

Die Listen D. 1 und D. 2 gelten als verbundene Listen.

L'élection des assesseurs a eu lieu le dimanche 5 décembre 1926, de 9 heures à 16 heures au rez-de-chaussée de l'Hôtel de Ville.

IIo Résultats des élections prud'homales (com.) du 5 décembre 1926.

Ergebnisse der Kaufmannsgerichtswahlen vom 5. Dezember 1926.

1o Il n'a été présenté qu'une liste de proposition de candidats, patronaux, qui ont été déclarés élus sans élection.

1. Es wurde nur eine einzige giltige Vorschlagsliste von Arbeitgebern eingereicht, die also ohne Wahlen als gewählt erklärt wurden.

2° Elections des Conseillers prud'hommes employés).

Electeurs inscrits....... 1251

Nombre de votants 563

Ont été émis 2242 suffrages valables.

Le quotient de répartition appliqué était 132 et pour la sous-répartition entre les listes combinées A. 1 et A. 2 = 121, B. 1, B. 2, B. 3 et B. 4 = 119, C. 1 et C. 2 = 98 et D. 1 et D. 2 = 100.

2. Wahlen der Beisitzer (Arbeitnehmer).

Eingeschriebene Wähler. 1251

Es haben gewählt 563

Gültige Stimmen: 2242.

Die Verteilungszahl, die zur Anwendung kam, war 132 und für die Unterverteilung auf die verbundenen Listen: A. 1 und A. 2 = 121, B. 1, B. 2, B. 3 und B. 4 = 119, C. 1 und C. 2 = 98 et D. 1 und D. 2 = 100.

Sont élus assesseurs : — Es wurden als Beisitzer gewählt:

Fédération régionale des employés d'Alsace et de Lorraine (C. G. T.)

Liste A. 1.	avec	390	voix
1. Muller Philippe............	»	104	»
2. Elles Joseph	»	98	»
3. Bauer André	»	96	»

Liste A. 2.	avec	332	voix
1. Schely Louis................	»	88	»
2. Mathiss Auguste............	»	84	»

5 candidats élus; en tout 722 voix.

Groupement des employés de Chemins de fer. (Synidcat des échelles 5 à 10, Syndicat des employés C. G. T. U., etc.).

Liste B. 1.	avec	135	voix
1. Hentz Louis	»	72	»

Liste B. 2.	avec	291	voix
1. Fechting Eugène	»	157	»
2. Meyer Charles	»	57	»

Liste B. 3.	avec	138	voix
1. Lauth Ernest	»	72	»

Liste B. 4.	avec	266	voix
1. Burger Joseph	»	157	»
2. Zottner Emile	»	72	»

6 candidats élus ; en tout 830 voix.

Syndicat indépendant des Cheminots.

Liste C. 1.	avec	136	voix
1. Herrscher Charles	»	36	»

Liste C. 2.	avec	156	voix
1. Gabel Alexandre	»	42	»

2 candidats élus ; en tout 292 voix.

De la **liste D. 1**, avec 96 voix aucun candidat n'est élu.

L'Association des employés d'Alsace et de Lorraine n'a pas réussi de faire passer un candidat.

Die Association des employés d'Alsace et de Lorraine hat keinen Kandidaten durchgebracht.

Syndicat professionnel des employés „Argentina" et Syndicat des employées Ste-Odile

Liste D. 2.	avec	302	voix
1. Hageli Joseph	»	77	»
2. Ulrich Joseph	»	77	»
3. Roth Charles..............	»	74	»

3 candidats élus.

B. Élection des assesseurs du Conseil de prud'hommes industriels de Strasbourg en décembre 1926.

Wahl der Beisitzer des Gewerbegerichts Strassburg im Dezember 1926.

1° Les Listes de proposition.

Die Vorschlagslisten.

Il y a 18 Conseillers prud'hommes à élire par les patrons et 18 par les ouvriers.

Conformément à l'article 10 § 8 du statut local pu Conseil de prud'hommes industriels de Strasbourg les listes suivantes des patrons et des ouvriers ont été présentées:

Es sind 18 Beisitzer durch die Arbeitgeber und 18 durch die Arbeiter zu wählen.

Gemäss § 10 Absatz 8 des Ortsstatuts für das Gewerbegericht zu Strasbourg sind nachstehende Vorschlagslisten der Arbeitgeber und Arbeiter eingereicht worden:

I. Liste de proposition des patrons

1. Vorschlagslisten der Arbeitgeber.

Liste 1.

1. Guri Pierre, entrepreneur de construction.
2. Beck Eugène, maître-ferblantier et installateur.
3. Metzger René, entrepreneur d'abattage et de transport de viande.
4. Eberhardt Auguste, quincailler.
5. Comment Frédéric, entrepreneur de peinture.
6. Schott Auguste, fabricant (Mais. Schott & Meyer).

Liste 2.

1. Sorgius Georges, maître coiffeur.
2. Vigano Edouard, confection et mesure (Mais. Goldschmidt.)
3. Franck Ernest, entrepreneur de construction.
4. Heintz Marcel, directeur de l'Alcok.
5. Wendling Auguste, directeur de la Société des Asphaltes et Bitumes.
6. Stockreisser Jean, entrepreneur de charpente et de menuiserie.

Liste 3.

1. Bloch Joseph, maître-tailleur.
2. Fuchs Michel, maître-forgeron.
3. Kieffer Joseph, maître-menuisier.
4. Muller Eugène, maître-boulanger.
5. Kuntz Joseph, maître-serrurier.
6. Fichter Albert, maître-tapissier.

Ces 3 listes sont à considérer comme des listes combinées.

A défaut de listes concurrentes, ces candidats ont été déclarés élus ; il n'y a donc pas eu d'élection pour les patrons.

Die Listen sind als verbunden zu betrachten.

Da von den Arbeitgebern nur eine gültige Vorschlagsliste eingereicht wurde, fand für diese Gruppe keine Wahl statt.

II. Liste de proposition des ouvriers

2. Vorschlagslisten der Arbeiter.

Union locale C. G. T.

Liste A. 1.

1. Burcklé Léon, serrurier à la Compagnie des Tramways.
2. Rehm Isidore, menuisier à la Société Coopérative de Consommation.
3. Scherr Auguste, serrurier à la Brasserie Gruber & Cie.
4. Frankhauser Joseph, meunier aux Grands Moulins de Strasbourg.
5. Schæffer Joseph, tailleur de pierres aux Carrières des Vosges.
6. Meyer Georges, typographe à l'Imprimerie des Dernières Nouvelles.

Liste A. 2.

1. Buhl Charles, serrurier à la Maison Baumgarten & Cie.
2. Riedinger Auguste, conducteur à la Compagnie des Tramways.
3. Riehl Albert, installateur chez Lehr & Matt.
4. Bilger Alphonse, menuisier chez Kapp.
5. Gropengiesser Auguste, installateur à l'Usine de Gaz.
6. Fischer Frédéric, grutier à la Société Alsacienne de Navigation Rhénane.

Liste A. 3.

1. Strasser Frédéric, journalier à la Presse Libre.
2. Pfaadt Charles, typographe à l'Imprimerie Alsacienne.
3. Scheib Louis, menuisier chez Kapp.
4. Rothfeld Eugène, tripier chez Fr. Kuhn.
5. Bollinger Louis, maçon à la Maison Weiss.
6. Wœhrel Charles, typographe à l'Imprimerie de l'Alsacien.

Ces listes sont à considérer comme des listes combinées.

Die Listen A. 1, A. 2, A. 3, sind als verbunden zu betrachten.

Syndicats Indépendants.

Unabhängiger Gewerkschaftsbund.

Liste B. 1.

1. Weingärtner Victor, maçon chez Urban.
2. Weissrock Alfred, menuisier chez Maier.
3. Kintz Auguste, plâtrier chez Rabold.
4. Schneider Charles, peintre à la Maison Sigel Frères.
5. Heitz Ernest, charpentier chez Heitz fils.
6. Heitzmann Eugène, maçon à la Maison Brion & Martin.

Liste B. 2.

1. Hess Joseph, ferblantier à la Compagnie des Compteurs.
2. Pfister Joseph, ouvrier à la Brasserie Prieur.
3. Schmitt Aloyse, ouvrier à la Maison Hœhl & Cie.
4. Schlosser Michel, ouvrier à la Tannerie de France.
5. Schnitzler Joseph, ouvrier à la Brasserie Hatt.
6. Kaps Xavier, ouvrier en métaux aux Grands Moulins.

Liste B. 3.

1. Rasp Arthur, cheminot.
2. Schneider Joseph, cheminot
3. Weil Georges, cheminot.
4. Lienhardt Auguste, cheminot.
5. Becker Jacques, cheminot.
6. Grœber Otto, cheminot.

Ces listes sont à considérer comme des listes combinées.

Die Listen B. 1, B. 2, B. 3, sind als verbunden zu betrachten.

Union locale C. G. T. U.

Liste C. 1.

1. Marx Albert, mécanicien de route aux Chemins de fer.
2. Hansz Alphonse, sellier chez Forrler.
3. Rohrbacher Jacques, surveillant aux Chemins de fer.
4. Giégé Félix, sous-chef de manœuvre aux Chemins de fer.
5. Jacob Jacques, serrurier à la Maison Ed. Zublin & Cie.
6. Peter François, peintre.

Liste C. 2.

1. Schlagdenhauffen René, ouvrier en métaux à la Maison «Thermos».
2. Furst Victor, tailleur chez Mack.
3. Cunigel Lucien, ferblantier à la Maison Lepain.
4. Adrian Michel, ouvrier aux Chemins de fer.
5. Ball Joseph, cordonnier chez Roth.
6. Stœhr Auguste, chauffeur à l'Electricité de Strasbourg.

Liste C. 3.

1. Schwartz Emile, cantonnier aux Chemins de fer.
2. Velten Charles, conducteur aux Tramways.
3. Brennion Henri, électricien chez Vonthron.
4. Meyer Auguste, ouvrier à la Maison Logel frères.
5. Kœhren Charles, ouvrier de Port à la Société Franco-Suisse.
6. Richert Pierre, conducteur aux Chemins de fer.

Ces listes sont à considérer comme des listes combinées.

Die Listen C. 1, C. 2, C. 3 sind als verbundene Listen zu betrachten.

2° Résultats des élections prud'homales (assesseurs ouvriers) du 19 déc. 1926.

Ergebnisse der Wahlen der Beisitzer (Arbeiter) vom 19. Dezember 1926.

Il y a eu dix bureaux de vote (avis de la mairie du 9 nov. 1926):

Es waren 10 Wahlstellen vorgesehen (Bekanntmachung vom 9. Nov. 1926):

Wahlstelle 1.

Mairie, umfasst den Nordkanton der inneren Stadt.

Wahlstelle 2.

Drachenschule, umfasst den Süd-Kanton der inneren Stadt.

Wahlstelle 3.

Wilhelmerschule, umfasst den West-Kanton der inneren Stadt.

Wahlstelle 4.

Oberrealschule bei St. Johann, umfasst den Ost-Kanton der inneren Stadt.

Wahlstelle 5.

Schule in der Bœcklinstrasse, umfasst den Vorort Ruprechtsau.

Wahlstelle 6.

Schule Altenheimerstrasse 34, umfasst den Vorort Neuhof.

Wahlstelle 7.

Neufeldschule, umfasst den rechten Flügel von Neudorf, einschl. Hohwarth, Meinau u. Metzgerau.

Wahlstelle 8.

Neue Musauschule, umfasst den linken Flügel von Neudorf, einschl. Rheinhafengebiet.

Wahlstelle 9.

Alte Schule Neugasse, umfasst den Vorort Cronenburg.

Wahlstelle 10.

Alte Schule Römerstrasse 61, umfasst den Vorort Kœnigshoffen, einschl. Grüner Berg.

Chaque électeur ne peut élire que 6 candidats : il peut choisir ces 6 candidats sur toutes les listes de proposition.

Jeder Wähler kann im ganzen nur 6 Kandidaten wählen ; er kann aber diese 6 Kandidaten aus allen Vorschlagslisten herausnehmen.

Electeurs inscrits.............. 3314
Nombre des votants 1419
Bulletins valables......... 1417
Ont été émis 8502 suffrages valables.

Le quotient de répartition appliqué était 448 et pour la sous-répartition entre les listes combinées : A. 1, A. 2 et A. 3 = 440 ; B. 1, B. 2 et B. 3 = 336 et C. 1, C. 2 et C. 3 = 408.

Eingeschriebene Wähler......... 3314
Es haben gewählt 1419
Gültige Stimmzettel 1417
Es wurden 8502 gültige Stimmen abgegeben.

Die in Anwendung gebrachte Verteilungszahl war 448 und für die weitere Verteilung auf die verbundenen Listen : A. 1, A. 2 und A. 3 = 440 ; B. 1, B. 2 und B. 3 = 336 und C. 1, C. 2 und C. 3 = 408.

Sont élus assesseurs : — Als Gewerbegerichtsbeisitzer wurden gewählt :

Union locale C. G. T.: 6 candidats élus.

Liste A. 1. avec 1138 voix
1. Meyer Georges .... » 193 »
2. Rehm Isidore .... » 191 »

Liste A. 2. avec 949 voix
1. Gropengiesser Auguste ..... » 159 »
2. Buhl Charles .... » 158 »

Liste A. 3. avec 992 voix
1. Strasser Frédéric .... » 169 »
2. Wœhrel Charles .... » 167 »

6 candidats élus.

Syndicats indépendants: 3 candidats élus.

Liste B. 1. avec 383 voix
1. Weingärtner Victor .... » 66 »

Liste B. 2. avec 576 voix
1. Kaps Xavier .... » 124 »

Liste B. 3. avec 384 voix
1. Rasp Arthur .... » 81 »

3 canditats élus.

Union locale C. G. T. U.: 9 candidats élus.

Liste C. 1. avec 1767 voix
1. Peter François .... » 348 »
2. Rohrbacher Jacques .... » 336 »
3. Jacob Jacques .... » 321 »
4. Marx Albert .... » 284 »

Liste C. 2. avec 1358 voix
1. Schlagdenhauffen René .... » 325 »
2. Adrian Michel .... » 239 »
3. Stœhr Auguste .... » 220 »

Liste C. 3. avec 955 voix
1. Schwartz Emile .... » 221 »
2. Brennion Henri .... » 189 »

9 candidats élus.

3e Récapitulation.
Gesamtübersicht.

Listes A. 1, A. 2, A. 3 (C. G. T.) = 3079 voix, soit 36,2 p. cent du total et 6 assesseurs ;
Listes B. 1, B. 2, B. 3 (Synd. indép.) = 1343 voix, soit 15,8 p. cent du total et 3 assesseurs ;
Listes C. 1, C. 2, C. 3 (C. G. T. U.) = 4080 voix, soit 48 p. cent du total et 9 assesseurs
Totaux 8502 voix, soit 100 p. cent du total, et 18 assesseurs

La liste C. 1 (C. G. T. U.) a obtenu le plus de voix ; tous les candidats en ont été élus. Le candidat Peter François (liste C. 1 de la C. G. T. U.) a réuni le plus de voix : 348. Le candidat le moins favorisé, M. Weingärtner Victor (liste B. 1 des Synd. indép.), n'a obtenu que 66 voix.

Liste A. 1, A. 2, A. 3 (C. G. T.) = 3079 Stimmen oder 36,2 % des Ganzen und 6 Beisitzer ;
Liste B. 1, B. 2, B. 3 (Synd. indép.) = 1343 Stimmen oder 15,8 % des Ganzen und 3 Beisitzer ;
Liste C. 1, C. 2, C. 3 (C. G. T. U.) = 4080 Stimmen oder 48 % des Ganzen und 9 Beisitzer.
Zusammen 8502 Stimmen oder 100 % des Ganzen und 18 Beisitzer.

Die Vorschlagsliste C. 1 (C. G. T. U.) hat die meisten Stimmen erhalten ; alle Bewerber dieser Liste wurden gewählt. Der Bewerber Peter François (Liste C. 1 der C. G. T. U) hat die meisten Stimmen erhalten : 348. Der am wenigsten begünstigste Kandidat, M. Weingärtner Victor (Liste B. 1 des Synd. indép.), hat nur 66 Stimmen auf sich vereinigt.

VIII. Élections sénatoriales du 9 Janvier 1927.

Senatswahlen vom 9. Januar 1927.

a) Observations préliminaires.

Le Sénat est une assemblée permanente, renouvelable par tiers (en 3 séries: A, B et C) tous les 3 ans et dont les membres sont élus pour neuf années (voir les observations générales sur les élections sénatoriales du 11 janvier 1920, page 13)

Les départements du Bas-Rhin et du Haut-Rhin ont été classés, suivant l'ordre alphabétique, dans la série C, renouvelable le 9 janvier 1927, et la Moselle dans la série B qui a été renouvelée le 6 janvier 1924 (Loi du 16 oct. 1919 relative au régime transitoire de l'Alsace et de la Lorraine, art. 9). Cependant M. de Bertier (Jean), sénateur de la Moselle, étant décédé en 1926, ce département a élu le 9 janvier 1927 également un sénateur.

a) Vorbemerkungen.

Der Senat ist eine Körperschaft, deren Mandate zu einem Drittel (in 3 Serien: A, B und C) alle 3 Jahre zu erneuern und deren Mitglieder für neun Jahre gewählt sind (siehe die allgemeinen Bemerkungen über die Senatswahlen v. 11. Jan. 1920, Seite 13). Die Départements des Unter-Rhein und des Ober-Rhein sind, entsprechend dem Alphabet, in die Serie C, in der nun 107 Senatsmandate am 9. 1. 1927 erneuert werden, eingereiht worden, und das Mosel-Département in die Serie B (mit 111 Senatoren), für die bereits am 6. Januar 1924 Wiederwahl stattgefunden hat. Da jedoch H. de Bertier (Jean), Senateur der Moselle im Jahre 1926 gestorben ist, fand am 9. 1. 1927 in diesem Département eine Ersatzwahl statt.

b) Les délégués sénatoriaux de la Ville de Strasbourg au collège des élections sénatoriales du 9 janvier 1927.

1° Élections des délégués sénatoriaux par le Conseil municipal de Strasbourg, dimanche, 5 décembre 1926.

Le Conseil municipal de Strasbourg, composé de 36 membres, élit 24 délégués et 5 suppléants.

Ont été élus le 5 décembre 1926 par le Conseil municipal :

comme délégués :

b) Die Senatswahldelegierten der Stadt Strassburg für die Senatswahlen vom 9. Januar 1927.

1. Wahl der Senatswahldelegierten durch den Strassburger Gemeinderat am Sonntag, den 5. Dez. 1926.

Der Gemeinderat von Strassburg (36 Mitglieder) wählt 24 Delegierte (Wahlmänner) und 5 Ersatzdelegierte.

Es wurden am 5. Dezember 1926 durch den Gemeinderat bezeichnet:

als Delegierte:

Parti socialiste — 17 délégués.

MM. les conseillers municipaux: Brandt, Bronner, Gabel, Hincker, Holweg, Imbs, Kamper, König, Kuhn, Kunkler, Munio, Nægelen, Pedraglio, Riehl, Schneider, Steibel, Willig.

Parti radical — 6 délégués.

MM. les conseillers municipaux: Becker, Dr. Hügel, Mahl, Müller, Petri et Schuler.

Parti alsacien du Progrès républicain (Els. Fortschrittspartei) — 1 délégué.

M. le conseiller municipal Tillmann.

comme suppléants: — als Ersatzdelegierte:

Parti socialiste — 3 suppléants.

MM. Kapp, Krohmer, conseillers municipaux et M. Metzger qui n'est pas conseiller municipal.

Parti radical — 2 suppléants.

MM. les conseillers municipaux Minck et Trebus.

Chaque parti politique a donc reçu le nombre de délégués sénatoriaux en proportion du chiffre de ses conseillers municipaux.

Jede politische Partei hat also die Zahl der Delegierten erhalten, die ihrer Mitgliederzahl im Gemeinderat entspricht.

2° Électeurs de droit de la Ville de Strasbourg. Die Senatswähler von Rechtswegen der Stadt Strassburg.

a) MM. les conseillers généraux des 4 cantons de la ville:

Canton Nord: M. Laurent Meyer, adjoint au Maire de Strasbourg;
» Est: M. Georges Weill, député du Bas-Rhin;
» Sud: M. Peirotes Jacques, Maire de Strasbourg député;
» Ouest: M. Kössler Louis, commerçant.

b) **MM.** les conseillers d'arrondissement des 4 cantons de la Ville :

Canton Nord : M. Paul Weill, conseiller municipal (parti socialiste) ;
M. François Oesinger, adjoint au Maire de Strasbourg (**parti rad.**)
» Sud : M. Emile Bohn, conseiller municipal de Strasbourg (parti soc.) ;
» Est : M. Arbogast (bloc rép. nat.) ;
» Ouest : M. Spiesser (bloc rép. nat.).

Les délégués sénatoriaux et les électeurs de droit de la ville de Strasbourg se répartissent comme suit entre les partis politiques : 23 socialistes ; 7 radicaux ; 2 adhérents du Bloc républicain national ; 1 adhérent du parti du progrès républicain ; en tout 33 électeurs.

En outre, les électeurs de droit suivants, non mentionnés ci-dessus, ont leur domicile à Strasbourg : MM. Ch. Frey, Seltz, Müller, Walter, Hueber, députés du Bas-Rhin :

MM. Herrenschmidt, Kiener et Weydmann, conseillers généraux du Bas-Rhin.

Die Senatsdelegierten und Senatswähler von Rechtswegen der Stadt Strassburg verteilen sich folgendermassen auf die politischen Parteien : 23 Sozialisten, 7 Radikale, 2 Anhänger des Nationalblocks, 1 Fortschrittler, im Ganzen 33 Senatswähler.

Ausserdem haben folgende Wahlmänner von Rechtswegen, die oben nicht aufgeführt sind, ihren Wohnsitz in Strassburg : MM. Ch. Frey, Seltz, Müller, Walter, Hueber, députés du Bas-Rhin :

MM. Herrenschmidt, Kiener und Weydmann, conseillers généraux du Bas-Rhin.

3° Le nombre des délégués sénatoriaux des 10 catégories des communes du Bas-Rhin et leur population (chiffres absolus et relatifs).

Die Zahl der Senatswahldelegierten der 10 Kategorien von Gemeinden des Bas-Rhin und ihre Bevölkerung (Absolute- und Verhältniszahlen).

a) Répartition des délégués sénatoriaux de l'élection de 1927.

Wahlmännerverteilung bei der Senatswahl 1927.

1) Délégués communaux - Gemeinderatsvertreter

a)	Arrondissement - Kreis Strasbourg-Ville	24
b)	„ „ „ -Campagne	196
c)	„ „ Erstein	129
d)	„ „ Haguenau	135
e)	„ „ Molsheim	150
f)	„ „ Saverne	210
g)	„ „ Sélestat	132
h)	„ Wissembourg	139
	Total :	1121

2) Conseillers d'arrondissement - Kreistagsmitglieder	62
3) Conseillers généraux - Generalratsmitglieder	31
4) Députés - Abgeordnete	9
Total général : - Insgesamt :	1223

b) Le nombre des délégués sénatoriaux élus par les conseils municipaux.
Die Zahl der durch die Gemeinderäte bezeichneten Wahlmänner.

Catégories de communes Gemeindegrössenklassen	Élections sénatoriales de 1920 Senatswahl von 1920				Élections sénatoriales de 1927 Senatswahl von 1927			
	Nombre des communes Zahl der Gemeinden	Population totale Einwohner insgesamt	Nombre des délégués sénatoriaux Zahl der Wahlmänner: par commune pro Gemeinde	en total im Ganzen	Nombre des communes Zahl der Gemeinden	Population totale Einwohner insgesamt	Nombre des délégués sénatoriaux Zahl der Wahlmänner: par commune pro Gemeinde	en total im Ganzen
1	2	3	4	5	6	7	8	9
				Chiffres absolus - Absolute Zahlen				
Jusqu'à 500 habit.	229	71 935	1	229	227	65 312	1	227
de 501 à 1500 „	259	211 605	2	518	260	197 123	2	520
„ 1501 à 2500 „	44	83 561	3	132	44	77 439	3	132
„ 2501 à 3500 „	15	44 269	6	90	16	43 501	6	96
„ 3501 à 10000 „	11	75 048	9	99	11	68 237	9	99
„ 10001 à 30000 „	2	35 629	12	24	2	33 607	12	24
au-dessus de 60000 „	1	178 891	24	24	1	166 767	24	24
Total :	561	700 938	—	1 116	561	651 986	—	1 121
				Chiffres relatifs en % - Verhältniszahlen in %				
bis zu 500 Einw.	40,81	10,26	—	20,52	40,46	10,02	—	20,24
501 — 1500 „	46,16	30,19	—	46,41	46,35	30,23	—	46,38
1501 — 2500 „	7,84	11,92	—	11,83	7,84	11,88	—	11,76
2501 — 3500 „	2,69	6,32	—	8,07	2,85	6,67	—	8,53
3501 — 10000 „	1,96	10,71	—	8,87	1,96	10,47	—	8,81
10001 — 30000 „	0,36	5,08	—	2,15	0,36	5,15	—	2,14
über 60000 „	0,18	25,52	—	2,15	0,18	25,58	—	2,14
Insgesamt :	100,00	100,00	—	100,00	100,00	100,00	—	100,00

Le tableau démontre d'une manière frappante l'inégalité, du reste bien connue, du droit électoral sénatorial. La répartition des délégués sénatoriaux sur les différentes catégories de communes donne aux plus petites communes un droit électoral beaucoup plus effectif que celui des grandes et moyennes villes.

Les 227 communes du Département, de moins de 500 habitants ne représentent qu'un dixième de la population, mais elles présentent deux dixièmes des délégués sénatoriaux. Déjà la catégorie suivante de communes, celles comptant 501 à 1500 habitants, détient un droit électoral un peu moins effectif : les 3 dixièmes de la population réunis dans cette catégorie de communes n'ont plus à présenter deux fois 3 dixièmes, mais seulement 1,5 fois 3 dixièmes de délégués. La population groupée dans la troisième catégorie de communes (1501 à 2500 habitants) est à peu près égale à celle de la première catégorie (11 % contre 10 %), mais elle possède un droit électoral encore plus restreint : 12 % des délégués sont nommés par cette catégorie. Le jeu du hasard fait bénéficier la catégorie suivante de communes

Die Tabelle zeigt in eindrucksvoller Weise die übrigens schon längst bekannte Ungleichheit des Senatswahlrechts. Die Verteilung der Senatsdelegierten auf die verschiedenen Gemeindegrössenklassen gibt den kleinsten Gemeinden ein unverhältnismässig grösseres Wahlrecht als das der grossen und mittleren Städte.

Die 227 Gemeinden des Departements mit bis zu 500 Einwohnern sind nur ein Zehntel der Bevölkerung, aber dieses eine Zehntel bestimmt zwei Zehntel der Gemeindewahlmänner zur Senatswahl. Schon die folgende Gemeindegrössenklasse (501 bis 1500 Einwohner) hat ein geringeres Wahlrecht. Denn zu ihr gehören 3 Zehntel der Bevölkerung. Diese haben aber nicht mehr zwei sondern nur noch anderthalbmal soviel Wahlmänner zu bestimmen. Die Bevölkerung, die zur dritten Grössenklasse (1501—2500 Einwohner) gehört, ist der Zahl nach der ersten Grössenklasse ungefähr gleich, bestimmt aber nicht, wie jene, 20 %, sondern nur 11 % der Wahlmänner. Ihr Wahlrecht ist also noch mehr vermindert. Durch Zufall nimmt in der folgenden Grössenklasse das Wahlrecht wieder etwas zu : 7 % der

d'un droit électoral un peu plus élargi ; 7 % de la population nomment 8,5 % des délégués. Mais dans les trois dernières catégories l'efficacité du droit électoral baisse progressivement avec une rapidité croissante et elle est réduite pour la population de la dernière catégorie, c'est-à-dire de la ville de Strasbourg à une parcelle minime de celle dont jouissent les petits villages.

Pour bénéficier d'un droit électoral aussi efficace que celui des communes au dessous de 500 habitants, les communes appartenant

Bevölkerung bestimmen 8,5 % der Wahlmänner. Aber mit dem Wahlrecht der kleinsten Gemeinden ist auch hier kein Vergleich. Vollends in den drei letzten Gemeindegrössenklassen nimmt der Wert des Wahlrechts rasch und mit wachsender Beschleunigung ab, und beschränkt sich für die letzte Grössenklasse, die durch Strassburg allein gebildet wird, auf einen winzigen Bruchteil des Wahlrechts der kleinen Dörfer.

Um ebensoviel Wahlrecht zu haben wie die Gemeinden mit 500 und weniger Einwohnern müssten die Gemeinden in

A la 2me catégorie devraient présenter environ Der 2. Grössenklasse ungefähr	60%	des délégués au lieu de der Wahlmänner bestimmen statt, jetzt	46 %
„ 3me „ „ „ „	24%	„ „ „ „ „	12 %
„ 4me „ „ „ „	12%	„ „ „ „ „	8,5%
„ 5me „ „ „ „	20%	„ „ „ „ „	8,8%
„ 6me „ „ „ „	10%	„ „ „ „ „	2,2%
„ dernière „ „ „ „	51%	„ „ „ „ „	2,2%

Il est aussi à noter que les 5 p. cent de la population réunis dans les 2 communes comptant 10001 à 30000 habitants jouissent exactement du même droit électoral que les 25,6 p. cent, réunis dans la ville de Strasbourg.

Les chiffres du pourcentage de 1920 et de 1927 varient un peu à cause des fluctuations de la population. Mais les chiffres restent pourtant assez concordants pour démontrer que les inégalités sont inhérentes à la loi électorale elle-même.

Beachtung verdient auch, dass die 5 % der Bevölkerung, die in den 2 Gemeinden mit 10001 bis 30000 Einwohnern wohnen, genau dasselbe Wahlrecht haben wie die 25 % der Bevölkerung, die die Stadt Strassburg stellt.

Die Prozentzahlen von 1920 und 1927 wechseln etwas infolge der Schwankungen des Bevölkerungsstandes. Die Übereinstimmung ist aber gross genug, um zu beweisen, dass die Ungleichheit des Wahlrechts auf dem Wahlgesetz selbst beruht.

4° Les candidats présentés par les différents partis politiques dans le Bas-Rhin.

Die von den verschiedenen politischen Parteien im Bas-Rhin vorgeschlagenen Kandidaten.

I. Parti socialiste (S. F. I. O.)

1. Peirotes Jacques, Député, Maire de Strasbourg.
2. Riehl Charles, Président de la Fédération Régionale des Coopératives d'Alsace et de Lorraine, Conseiller municipal de Strasbourg.
3. Imbs Eugène, Adjoint au maire de Strasbourg.
3. Wolff Charles, Percepteur à Haguenau.
5. Heimburger Auguste, Adjoint au maire de Wasselonne.

II. Bloc républicain national.

(Liste dite d'« Union nationale »).
(Union populaire républ. nat. et l'arti démocratique)
Elsässische Volkspartei und Demokrater.

1. Lazare Weiller, Sénateur sortant.
2. Diebolt-Weber, Sénateur sortant.
3. Eccard, Sénateur sortant.
4. Müller Eugène, Député.
5. Comte de Leusse, ancien Député.

III. Liste de la « Concentration républicaine ».

Senatskandidaten der Republikanischen Konzentration.

1. Band, ehemaliger Maire von Wasselnheim.
2. Simonin, ehemaliger Députe.
3. General Taufflieb, ausscheidender Senator.
4. Walter Ad., Präsident des Winzerverbandes, Gertweiler.
5. Wehrung, Generalrat, Präsident der Comices Agricoles und des Zaberner Landw. Kreisvereins, Ottweiler.

Diese Liste ist angenommen von der **Radikalen Partei der Unabhängigen Republikanischen Partei**, des **Parti Républicain National** und des **Comités für Handel und Landwirtschaft.** Ihre Aufstellung geschah unter dem Gesichtswinkel einer möglichst lückenlosen Interessenvertretung unserer Bevölkerung.

(Journal « La République » du 29. 12. 26, n° 359).

IV. Parti Alsacien du progrès républicain.

Elsässische Fortschrittspartei.

1. Wolf Georges, ancien député alsacien.
2. Allmendinger Adolphe, viticulteur, maire de Heiligenstein.
3. Dahlet Camille, conseiller municipal de Strasbourg.
4. Schneider Edouard, ancien maire de Schwabwiller, président de la Corporation des meuniers alsaciens et lorrains.
5. Walter Charles, maire de Barembach, conseiller général, président du Comice agricole cantonal de Schirmeck.

V. Candidature individuelle.

Einzelkandidatur.

1. Jæger Jules, notaire à Hochfelden, ancien député.

5° Résultats des élections senatoriales du 9 Janvier 1927 dans le Bas-Rhin.

(comparés à ceux du 11 janvier 1920)

Ergebnisse der Senatswahlen vom 9. Januar 1927 im Bas-Rhin.

(Verglichen mit denjenigen vom 11. Januar 1920.)

Élections du 9 Janvier 1927.

(Les chiffres sont ceux du rapport de la validation des élections au Sénat)

1er TOUR

1. Wahlgang.

Electeurs inscrits .... Eingeschriebene Wähler	1223
Nombre de votants .... Es haben gewählt	1214
Bulletins blancs ou nuls .... Ungültige Stimmzettel	11
Suffrages exprimés .... Gültige Stimmen	1203
Majorité absolue .... Absolute Mehrheit	602

Ont obtenu :
Es erhielten :

1.	Weiller Lazare, Union popul.	770 voix	Elu
2.	Müller Eugène, Union popul.	729 voix	Elu
3.	Eccard Frédéric, Parti dém.	725 voix	Elu
4.	de Leusse Jean, Union popul.	675 voix	Elu
5.	Diebolt-Weber Michel, Parti dém.	556	»
6.	Wehrung Georges, Concentr. répl.	260	»
7.	Walter Adolphe, Concentr. rép.	253	»
8.	le général Taufflieb, Concentr. rép.	222	»
9.	Jæger Jules, candidat indép.	180	»
10.	Peirotes Jacques, Parti socialiste	172	»
11.	Wolf Georges, Progrès républic.	160	»
12.	Dahlet Camille, Progrès républic.	140	»
13.	Baud Victor, Concentr. républ.	127	»
14.	Riehl Charles, Parti socialiste	127	»
15.	Heimburger Auguste, Parti soc.	116	»
16.	Wolff Charles, Parti socialiste	115	»
17.	Simonin Camille, Concentr. répl.	113	»
18.	Imbs Eugène, Parti socialiste	112	»
19.	Walter Charles, Progrès républ.	90	»
20.	Schneider Edouard, Progrès rép.	73	»
21.	Allmendinger Ad., Progrès rép.	64	»
	Divers	132	»

Élections du 11 Janvier 1920.

(à titre de comparaison)
(Zum Vergleich).

1er TOUR

Electeurs inscrits	1221
Nombre de votants	1202
Souffrages exprimés	1202
dont la majorité absolue est de	603

Ont obtenu :

1.	le général Taufflieb	931 voix	Elu
2.	Eccard	924 voix	Elu
3.	Diebolt-Weber	922 voix	Elu
4.	Weiller Lazare	900 voix	Elu
5.	l'abbé Delsor	863 voix	Elu

Les autres suffrages se sont répartis entre sept autres candidats, dont le plus favorisé, M. Jacques Peirotes, a obtenu 206 voix.

MM. le général Emile Taufflieb, François Eccard, Michel Diebold-Weber, Lazare Weiller et l'abbé Delsor ont été proclamés sénateurs comme ayant réuni un nombre de voix au moins égal à la majorité absolue des suffrages exprimés et supérieur au quart des électeurs inscrits.

Candidats non élus :

1.	Peirotes Jacq., maire de Strasbourg	206	voix
2.	Karcher Max, maire et industriel ..	170	»
3.	Richert	167	»
4.	Blumenthal	154	»
5.	Imbs Eug., Secrétaire des Synd. ouvr.	147	»
6.	Heysch Michel, ébéniste	136	»
8.	Oesinger François	135	»

Répartition des suffrages exprimés au 1er tour suivant les partis politiques :
Verteilung der Stimmen des 1. Wahlgangs auf die Parteien :

La liste d'Union nationale a recueilli ....:	3455 voix	=	58,5%	du total; moyenne :	691
La liste de Concentration républicaine a recueilli :	975 „	=	16,5%	„ „ „	195
La liste du Parti socialiste a recueilli ....:	642 „	=	10,9%	„ „ „	128
La liste du Parti als. du progrès rép. a recueilli :	527 „	=	8,9%	„ „ „	105
Divers ont recueilli ....:	132 „	=	2,2%	„ „ „	
M. Jæger, candidat individuel a recueilli ....:	180 „	=	3,0%	„ „ „	

Total : 5911 voix = 100,0%

2e TOUR

2. Wahlgang.

Electeurs inscrits........... 1223
Eingeschriebene Wähler

Nombre de votants 1210
Es haben gewählt

Bulletins blancs ou nuls 16
Ungültige Stimmzettel

Suffrages exprimés 1194
Gültige Stimmzettel

Majorité absolue 598
Absolute Mehrheit

Ont obtenu :
Es erhielten :

1. Diebolt-Weber (liste de l'Un. nat.) 651 voix Elu
2. Wehrung (liste de la Conc. rép.) 379 »
3. Jæger Jules (candidat individ.) 85 »
4. Wolf G. (liste du parti als. progr. rép.)........................ 52 »
Divers .... 27 »

MM. Weiller Lazare, l'abbé Müller Eugène, Eccard Frédéric, de Leusse Jean et Diebolt-Weber ont été proclamés sénateurs du Bas-Rhin. La validation des élections a eu lieu dans la séance du Sénat du 13 janvier 1927 (Déb. parlem., Sénat, page 7). Au premier tour de scrutin, 483 bulletins de la liste d'Union nationale, soit plus de 40 p. cent du total, ont été déposés dans l'urne sans être panachés.

Tous les candidats de la liste de l'Union nationale (Bloc républ. *nat.*) ont été élus.

Parmi les résultats particulièrement frappants de cette élection, il convient de signaler la différence des voix obtenues par un des sénateurs sortants, M. le général Taufflieb ; en 1920 où il s'est présenté sur la liste de l'Union populaire, près de 80 p. cent des votants ont voté pour lui ; en 1927 où il s'est présenté sur la liste de la concentr. républ., seulement 18 p. cent des votants lui ont donné la voix. Par rapport à l'élection de 1920, l'« Union nationale » a perdu au 1er tour de scrutin du 9 janvier 1927 en moyenne 217 suffrages.

6e Résultats sommaires des élections sénatoriales du 9 Janvier 1927 dans le Haut-Rhin et de l'élection partielle de la Moselle.

Kurze Übersicht über die Ergebnisse der Senatswahlen vom 9. Januar 1927 im Haut-Rhin und der Ersatzwahlen in der Moselle.

HAUT-RHIN

(4 sénateurs à élire)

Electeurs inscrits........... 916
Nombre de votants 910
Suffrages exprimés 910
Majorité absolue 456

Ont obtenu :

Liste d'Union nationale

Bloc rép. nat. : Union popul. et parti démocr.

1. Helmer Paul-Albert, sén. sort. 537 voix Elu
2. Gegauff Sébastien, sénateur sort. 534 voix Elu
3. Jourdain Paul, député .... 524 voix Elu
4. le général Bourgeois, sénat. sort. 514 voix Elu

Total des voix : 2109, soit 58,3 p. cent du total. Moyenne 527.

Liste radicale socialiste

1. Dreyfus, adjoint au maire de Mulhouse .... 136 voix
2. Ziegelmeyer .... 107 »
3. Schweigert .... 96 »
4. Vogel Daniel .... 94 »

Total des voix : 433, soit 12,0 p. cent du total. Moyenne 108.

Liste socialiste

1. Wicky, maire de Mulhouse ..... 165 voix
2. Richard .... 158 »
3. Kniebühler..................... 152 voix
4. Ernst .... 150 »

Total des voix : 625, soit 17,2 p. cent du total. Moyenne 156.

Divers.

1. Brogly......................... 128 voix
2. Hægy .... 109 »
3. Dr Ricklin .... 101 »
4. Deichtmann .... 87 »
5. Silbermann .... 13 »
6. Pfleger .... 12 »

Total des voix : 450, soit 12,5 p. cent du total. Moyenne 75.

MOSELLE

a) Élection partielle du 9 janvier 1927.

SÉNATEUR SORTANT :

M. le *comte de Bertier* (U. R. L.) décédé.

Electeurs inscrits....... 1427
Majorité absolue 704

RÉSULTATS DU SCRUTIN

1er Tour

1. Guy de Wendel (U. R. L.).... 1178 voix Elu
2. Dittner (communiste) .... 108 »
3. M. Bass (socialiste) .... 51 »

b) Renouvellement de la Série B, 6 janvier 1924.

Les élections sénatoriales du 6 janvier 1924 dans le département de la Moselle ont donné les résultats suivants :

Electeurs inscrits.........	1407	
Nombre des votants......	1390	
Bulletins blancs et nuls...	7	à déduire
Suffrages exprimés	1383	
dont la majorité absolue est de	692	

Ont obtenu :

1.	Stuhl Jean..................	1158 voix Elu
2.	Hirschauer Aug.-Edouard ...	1150 voix Elu
3.	de Bertier Jean	1144 voix Elu
4.	de Marguerie Henri	1092 voix Elu
5.	Bompard Maurice	908 voix Elu
6.	Bastien Jean	246 »
7.	de Wendel Guy	191 »
8.	Janin Jules	185 »
9.	Vogel Achille	183 »
10.	Collinet Lucien	182 »
11.	Sigwald Charles	151 »
12.	Cachin Marcel	53 »
13.	Couturier	23 »
14.	Paquet	1 »

MM. Stuhl Jean, Hirschauer Auguste-Ed., de Bertier Jean, de Marguerie Henri, Bompard Maurice ont été proclamés sénateurs.

En 1924, le communiste Marcel Cachin a réuni 53 voix et en 1927 le communiste Dittner en a obtenu 108.

Im Jahre 1924 erhielt der Kommunist Marcel Cachin 53 Stimmen und im Jahre 1927 brachte es der Kommunist Dittner auf 108.

IV. ÉLECTIONS MUNICIPALES des 3 et 10 mai 1925 — Gemeinderatswahlen vom 3. und 10. Mai 1925.

a) Résultats des 4 sections de vote (cantons) d'après les bureaux de vote et les candidats — Wahlergebnisse der 4 Wahlsektionen (Kantone) nach Stimmlokalen und Kandidaten.

1re Section (Canton Nord)

2e Section (Canton Sud)

1er Tour (Wahlgang)
2e Tour

IIIe Section (Canton Est)

1er Tour (Wahlgang)
2e Tour

IVe Section (Canton Ouest)